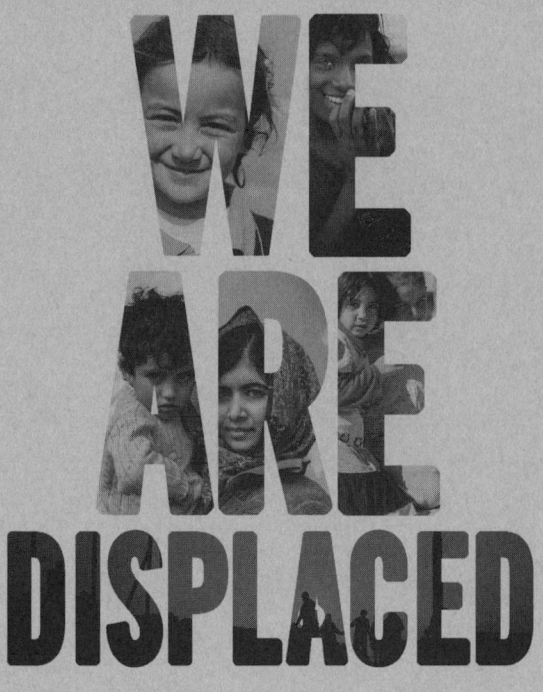

WE ARE DISPLACED

マララが見た世界

わたしが出会った難民の少女たち

マララ・ユスフザイ 著　西田佳子 訳

潮出版社

Courtesy of Zaynab Abdi

幼いころのサブリーン（左）と
ザイナブ（右）

Malin Fezebai/Courtesy of Malala Fund

ニューヨーク旅行中、自由の女神を指さすザイナブ

Courtesy of Malala Fund

二〇一五年、ノーベル平和賞を受賞したときのマララ（左）と、
マララが招待したマズーン（右）

Alicia Vera/Courtesy of Malala Fund

マララの前で踊るマリア

Courtesy of Jennifer Shumway

ジェニファー（中央）、ナイディナ（左）、マリー・クレール（右）

Courtesy of Jennifer Shumway

マリー・クレール（右奥）と、彼女のふたつの家族

Courtesy of Marie Claire Kaberamanzi

マリー・クレールと父親。父親はマリー・クレールを誇りに思い、マリー・クレールは父親をお手本と呼ぶ。

国連総会でスピーチをするためにニューヨークにやってきたマリー・クレールとナジラ

Tess Thomas/Courtesy of Malala Fund

Jérôme Jarre

バングラデシュの難民キャンプで、かまどを作ってみんなに届ける話をするアジダ

Brandon Stanton

簡素な造りの家で暮らすアジダと息子

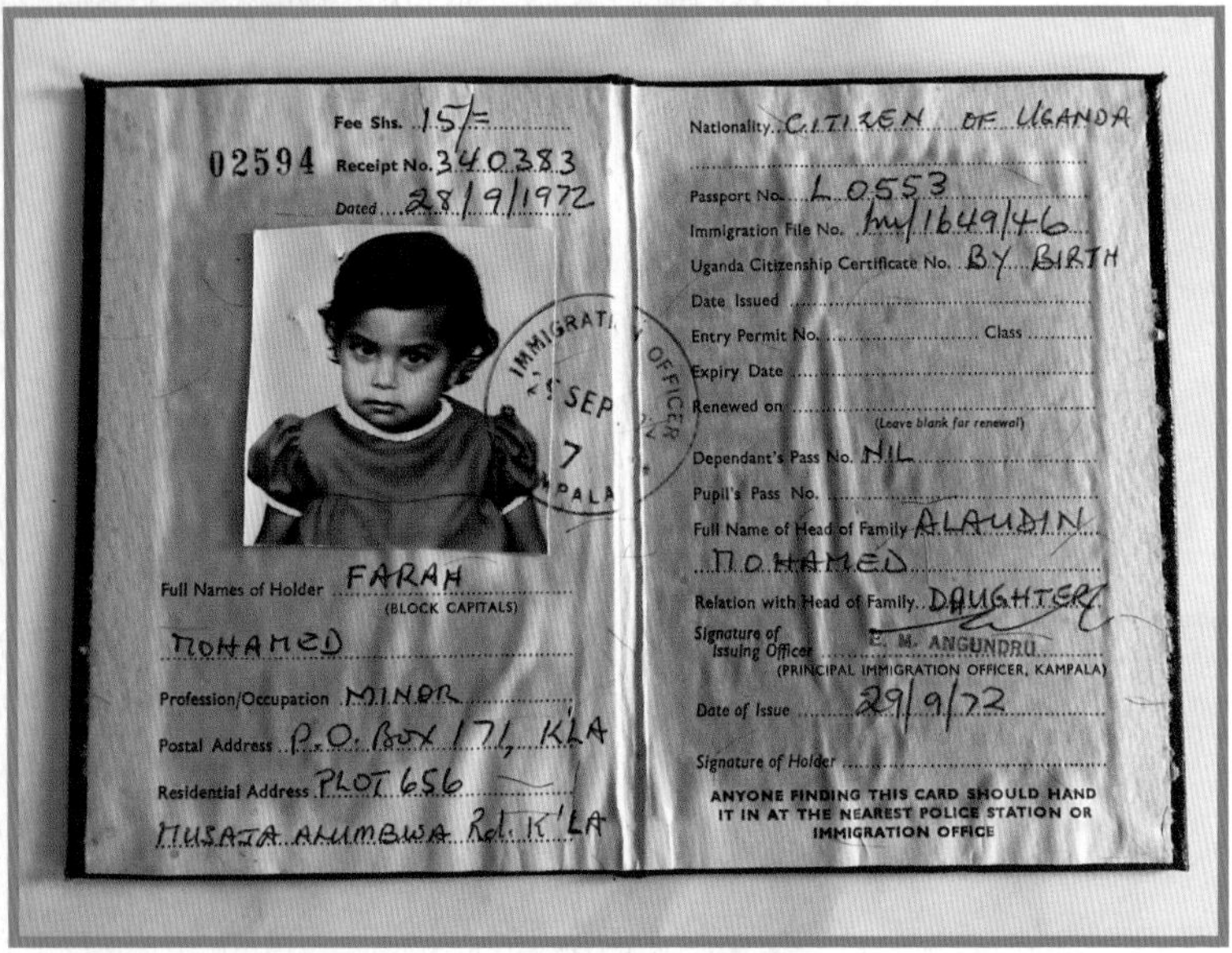
Fee Shs. 15/=
02594 Receipt No. 340383
Dated 28/9/1972
IMMIGRATION OFFICER 25 SEP 7 KAMPALA
Full Names of Holder FARAH
(BLOCK CAPITALS)
MOHAMED
Profession/Occupation MINOR
Postal Address P.O. BOX 171, K'LA
Residential Address PLOT 656
MUSAJA AHUMBWA Rd. K'LA
Nationality CITIZEN OF UGANDA
Passport No. L 0553
Immigration File No. IM/1649/46
Uganda Citizenship Certificate No. BY BIRTH
Date Issued
Entry Permit No. Class
Expiry Date
Renewed on
(Leave blank for renewal)
Dependant's Pass No. NIL
Pupil's Pass No.
Full Name of Head of Family ALAUDIN
MOHAMED
Relation with Head of Family DAUGHTER
Signature of Issuing Officer E. M. ANGUNDRU
(PRINCIPAL IMMIGRATION OFFICER, KAMPALA)
Date of Issue 29/9/72
Signature of Holder
ANYONE FINDING THIS CARD SHOULD HAND IT IN AT THE NEAREST POLICE STATION OR IMMIGRATION OFFICE

Courtesy of Farah Mohamed

ファラがウガンダに持っていった、ウガンダの市民権カード

Malala Yousafzai

パキスタンに帰ったマララがヘリコプターから撮ったスワート渓谷の写真。
「わたしにとっては世界でいちばん美しいところ」とツイートした。

Insiya Syed/Courtesy of Malala Fund

二〇一二年十月九日以来はじめてミンゴラの自宅に帰ったマララとその家族

Insiya Syed/Courtesy of Malala Fund

マララが子どものころ使っていた部屋（学校でもらったトロフィーが棚に飾ってある）

家を離れたいと思う人なんかいない
離れるとしたら、家がおそろしい
サメの口みたいになってしまったときだけ

国を出たいと思う人なんかいない
国境にむかって走るとしたら、
街じゅうの人が逃げようとしているときだけ

――ワルサン・シャイア『Home』

マララが見た世界　もくじ

第二部　44

プロローグ

バーミンガムの街を両親や弟たちと歩きながら、ふと足を止めて平和を噛《か》みしめる。まわりのなにをみても、平和が感じられる。そよ風に吹かれて優しく揺れる木々の枝にも、行き来する車の音にも、子どもの笑い声にも、友だちを追いかけていく男の子と女の子がそっとつないだ手と手にも。でも、それだけじゃない。わたしは平和を肌で感じることができる。神様、わたしを無事に生かしてくださってありがとう。家族を無事に生かしてくださってありがとう。

この平和を当たり前だと受け止めている人がたくさんいると思うたび、不思議でたまらない気持ちになる。わたしは毎日、平和に感謝している。平和に暮らしたくてもそれができない人たちがいるんだから。何百万人もの男性や女性、そして子どもたちが、戦争を目の当《ま》たり《あ》にしながら日々を生きている。暴力が振るわれ、家が壊され、罪もない人たちが殺される——そんなところで暮らしている人々にとって、命を守るための唯一の選択肢は、その土地を離れること。自分の住む家や住む町を出て、見知らぬ場所で暮らすこと。でも、そんなのは〝選択肢〟とはいえない。

十年前、パキスタン国内の人しかわたしの名前を知らなかったころ、わたしとわたしの家族は、スワート渓谷に暮らす二〇〇万人の人々といっしょに、住み慣れた家を出ることになった。危険から逃れるためには、そうするしかなかった。でも、家を出たら、どこで暮らせばいいの?

十一歳のわたしは、住むところを失った。

難民や、暴力から逃れるために家から離れなければならなくなった人々が安全に暮らせる場所は、いまもまだどこにもないようだ。二〇一七年の国連のデータによると、やむをえない事情で住む家を追われた人々は、全世界で六八五〇万人いる。そのうち二五四〇万人が、難民と呼ばれる人々だ。

あまりに大きな数なので、それが家を追われた人の数だということを、人々はつい忘れてしまう。そのなかには医師、教師、弁護士、ジャーナリスト、詩人、僧侶といったさまざまな人がいる。子どももいる。たくさんいる。活動家であることも学生であることも、ジアウディンという名の父親であることもマララという名の娘であることも、そのなかでは忘れられてしまう。その膨大な数は、よりよい未来を願うひとりひとりの人間で成り立っているものなのに。

ありがたいことに、わたしは、まったく新しい土地で新しい人生を再構築しようとしているたくさんの人たちに会い、話をきくことができた。愛する人々を含めて、多くのものを失ったばかりか、人生を一からやりなおさなければならなくなった人たち――つまり、新しい言葉を覚え、新しい文化になじみ、それまでとはちがう生きかたをしなければならなくなった人たちだ。わたしも、自分が家を追われたときのことをここに書《か》き綴《つづ》ったが、それは過去を懐《なつ》かしむためではない。わたしが会った人たち、そしてまだ会っていない人たちに敬意を表するためだ。

わたしがこの本を書いたのは、難民や避難者がごくふつうの人間だということを理解できない人があまりにも多いからだ。ちがいがあるとすれば、たまたま紛争に巻きこまれて、家から離れることになったり、愛する人々と離ればなれになったり、それまでなじんでいた暮らしができなくなったりした、ただそれだけのこと。その過程で、どんなに恐ろしい思いをしてきたかわからない。生きるか死ぬかの選択を迫られる場面があまりにも多いからだ。

十年前のわたしの家族もそうだった。そしてわたしたちは生きることを選んだ。

RGIA
AZERB.
TURKMENISTAN
AFGHANISTAN
IRAN
RAQ
PAKISTAN
SAUDI
RABIA
U.A.E.
OMAN
YEMEN
DJIBOUTI
IOPIA
SOMALIA

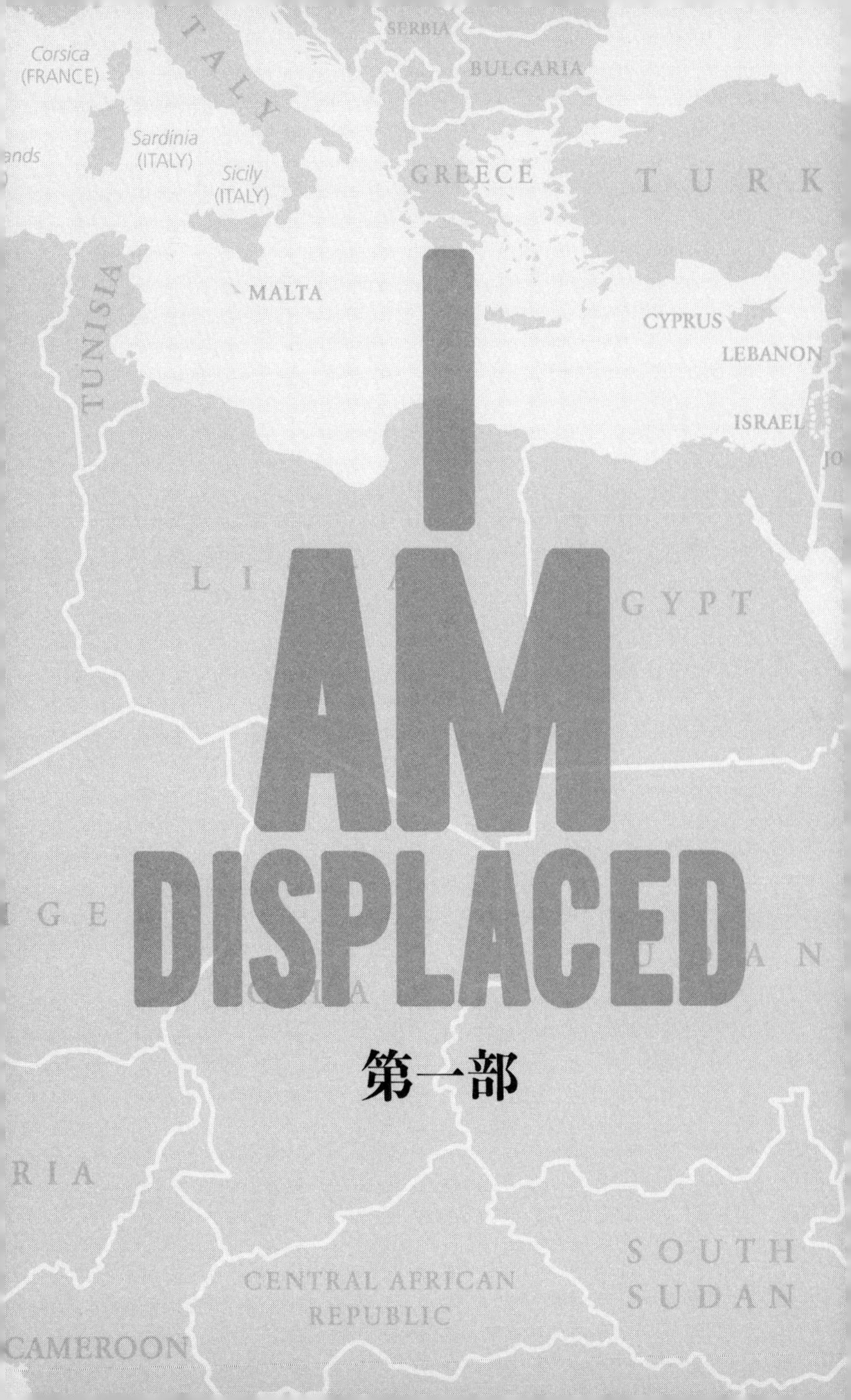

I AM DISPLACED

第一部

1　故郷の思い出

目を閉じて子どものころのことを思うと、松の林と、雪をかぶった山々がみえるし、急流の音がきこえる。足元にはどっしりした大地。わたしはスワート渓谷に生まれた。かつては東洋のスイスと呼ばれた場所だ。この世の楽園と呼ぶ人もいる。わたしにとってのスワートは、まさに楽園だ。子どものころの楽しかった思い出は、必ずこの景色といっしょによみがえってくる。友だちと道を走ったり、ミンゴラの自宅の屋根の上で遊んだり、シャングラに住んでいるいとこや親戚の家に遊びにいったり。ミンゴラはスワートの中心都市。シャングラは山あいの小さな村で、わたしの両親の生まれ故郷だ。自宅では、母がよく友だちを呼んで、午後のお茶を飲みながらおしゃべりをしていたものだ。父は父で、友だちと政治についての議論を戦わせていた。

父がタリバンの話をしていたのも覚えている。けどそのときは、まだ自分には関係ない遠い話のように思えたものだ。わたしは小さな子どものころから政治に興味があって、父と仲間たちとの議論をじっときいていた。意味がわからなくてもかまわなかった。その当時、タリバンはパキスタンではなくアフガニスタンにいたし、少なくとも、わたしや弟のクシャルにとっては、恐怖や不安の対象ではなかったのだ。それからもうひとりの弟、アタルが生まれた。わたしにとっては、ふたりの弟たちに家を乗っ取られてしまうのではないか、というのが最大の問題だった。

状況が変わったのは二〇〇四年。わたしはまだ六歳で、最初はなにもわかっていなかった。けど、あとから思いかえしてみれば、当時の思い出にはおぼろげな不安がつきまとっていた。両親の眼差《まなざ》しから感じ取っていた不安なんだと思う。それから五年後、わたしの愛するスワート渓谷は安全な場所ではなくなった。わたしたちは家を出て暮らさなければならなくなった。わたしたちだけではない。何十万人もの人々が同じ状況に陥った。

はじめはゆっくりだった。パキスタンでは女性の地位が向上しはじめていたけど、スワートは時代に逆行しようとしていた。二〇〇三年、父は自分の学校を作った。男子と女子がいっしょに通える高校だ。でも、二〇〇四年、男女共学は許されなくなった。

二〇〇五年の大地震では、人にも物にも大きな被害が出た。死者は七万三〇〇〇人で、そのうち一万八〇〇〇人が子どもだった。それだけではない。生き残った人々を厳しい運命が待ち受けていた。イスラム過激派のグループは、地震で家をなくした人々を支援しながら、地震は神様からの警告だと人々にいいはじめた。人々はそれを信じた。のちにタリバンの一部となった過激派グループは、地方のラジオ局を通して、厳格に解釈したイスラム教の教義を社会に広めはじめた。それによると、女性は顔を完全に覆わなければならない。音楽や踊り、西洋の映画を楽しむのは罪。男性はひげを伸ばさなければならない。女の子は学校に行ってはならない。

そんなのは、わたしたちが信じるイスラム教じゃない。

過激派グループが信じているのはイスラム原理主義。昔のような暮らしに戻ろうという考え方だけど、昔はなかったラジオを使ってその考えを広めようとしているんだから、皮肉なものだ。彼らはイスラムの名を使って、わたしたちの日常生活を壊そうとした。わたしたちが着るものや、みたりきいたりするものを制限した。さらに、女性のさまざまな権利を奪おうとした。

二〇〇七年までに、タリバンの命令はより厳しく、具体的なものになっていた。テレビやパソコン、その他の電子機器は、家庭で使うのを禁じられただけでなく、燃やしてしまわなければならなかった。それらがまとめて燃やされたときの、プラスチックやケーブルが溶けるにおいは、いまもありありと思い出せる。女の子が学校に行くことも、厳しくとがめられた。両親や娘の名前を具体的にあげて、だれだれの娘は学校に行っていないからすばらしい、だれだれの娘は学校に通いつづけていてけしからん、というふうに、ラジオで放送する。そのうち、女の子に教育を与えるのはイスラムの教えに反する、とまでいいだした。

学校に通うことがイスラムの教えに反するなんて、意味がわからない。なにをどう考えたらそんなことになるんだろう。

うちの家族は、タリバンからの命令をほとんど無視していたけど、テレビのボリュームは落とすようにした。外を通りかかった人にきこえるといけないから。

女の子は家から出るな、という命令をきいて、父のジアウディンも怒っていた。父はふたつの学校を経営していた。どちらも、父が一から造りあげた学校で、ひとつは女子校だ。はじめのうち、父はタリバンのことを「ちょっとうるさいやつらだな」くらいに思っていただけで、それほど恐ろしい存在だとは感じていなかった。それより、活動家として環境問題にどう立ち向かうかのほうが重要だった。わたしたちの住む街は急速に発展しつつあり、空気や水の汚染が深刻になっていた。父は仲間たちといっしょに、スワート渓谷の環境を保護するとともに、平和を守り、教育を普及させるための活動団体を作った。当時の父は有名になりはじめていた。父の話をききたがる人たちもいたし、父の存在をうとましく思う人たちもいた。父は正義感が強くて、世の中の間違いに気づいたら黙ってはいられない人だったから。

そのうち、タリバンはますます力をつけていき、わたしたちの暮らしは変わった。しあわせな日々は過去の思い出になってしまった。

タリバンとか過激派とかいう言葉が、日々の会話にたびたび出てくるようになった。ニュースで耳にするだけの言葉ではなくなったのだ。さらに、ミンゴラはある噂《うわさ》でもちきりになった。タリバンがスワート渓谷を制圧しつつあるという。

あごひげを長く伸ばして頭に黒いターバンを巻いた男たちをみかけるようになった。そういう人がひとりいるだけで、街全体が緊張に包まれる。そのうち、彼らがあちこちをパトロールしはじめた。いったい何者なのか、その正体はだれにもわからなかったけど、タリバンに関係があるということははっきりしていた。

わたしがはじめてタリバンに遭遇したのは、シャングラに住む親戚の家を訪ねたときだった。いとこの車に音楽のカセットテープがいくつかあった。そのうちのひとつをカセットデッキにセットした瞬間、黒いターバンを巻いて迷彩柄のベストを着た男がふたり、前方にいるのに気がついた。こっちに来いと手招きしていた。

いとこはデッキからテープを取り出して、ほかのテープといっしょに、わたしの母に手渡すと、小声で「隠して」といった。

母はテープを黙って受け取り、ハンドバッグに突っこんだ。いとこが車のスピードを落として、停《と》めた。

ターバンの男たちはあごひげを長く伸ばしていた。残酷そうな目でこちらを睨《にら》みつけてくる。ふたりとも、肩にマシンガンをかけていた。母はベールで顔を隠した。その手が小さく震えているのをみて、わたしも胸がどきどきしてきた。

男のひとりが車のなかをのぞきこんできた。「カセットテープやCDを持ってるんじゃないか？」

いとこが首を横に振った。母は黙ったままだ。わたしは、胸の鼓動をきかれてしまうんじゃないか、母の手が震えているのに気づかれてしまうんじゃないか、と心配でたまらなかった。

男が後部座席をのぞきこんできたとき、わたしは思わず息を止めた。

「おい」男は厳しい口調でわたしにいった。「顔を隠せ」

どうして？　わたしはまだ子どもなのに。わたしはそういいたかったけど、男の肩にかけられたカラシニコフをみると、なにもいえなかった。

男たちがさっと手を振った。もういい、という意味だ。でも、さっきまでの楽しい気分はどこかに行ってしまった。それから一時間、わたしたちはひとことも口をきかなかった。カセットテープも、母のバッグに入ったままだった。

それまでは遠くからわたしたちを取り巻いていた恐怖が、ぐっと近づいてきたように感じられた。もう無視できない。そして、いよいよ恐怖が現実になった。

2　どうしてこんなことが？

わたしが十一歳のとき、タリバンはスワート渓谷にあるあちこちの女子校を爆破しはじめた。爆破は夜におこなわれるので少なくとも爆破による死人や怪我人《けがにん》は出ない。けど、朝になって学校に行ってみたら、そこにあるのは瓦礫《がれき》の山だったなんて、つらすぎる。あまりにもひどい。

それより前から、タリバンは地域に停電を起こしたり、政治家を襲ったりするようになっていた。子どもたちのゲームも禁止されていた。家のなかで子どもたちが笑っているのをきいつけると、タリバンはその家に押しいってゲームを壊してしまう――そんな話をきいたこともあった。タリバンは警察署を爆破し、市民を襲うこともあった。タリバンの悪口をいう人がいれば、その人の名前がラジオでアナウンスされる。そして次の朝、街の中心にある緑の広場で、その人の死体がみつかる。死体には、その人の犯した〝罪〟を書きつらねた紙が貼りつけられている。そのうち、毎朝何人もの死体が並べておかれるようになったので、緑の広場は「血の広場」と呼ばれるようになってしまった。

これはタリバンのプロパガンダのひとつだったし、宣伝効果は抜群だった。タリバンは、こうしてスワート渓谷を支配下に置いた。

女子教育について活動するのはやめろと、父は警告を受けていた。それでも父は活動をやめなかったけど、家に帰るときの通り道を毎回変えるようにしていた。あとをつけられて襲われるかもしれないからだ。わたしにも新しい習慣ができた。毎晩寝る前に家じゅうのドアや窓に鍵がかかっているかどうか、確かめるようになった。

政府軍がスワート渓谷にやってきたとき、わたしたちはうれしかった。タリバンから守ってもらえるかもしれないと思ったからだ。けど、それはすなわち、スワートで戦闘が起こるということでもある。政府軍は、ミンゴラにあるわたしたちの家の近くに軍の基地を作った。重たい空気をヘリコプターのプロペラが切りさく音がきこえたし、視線を上げれば、軍服姿の兵士たちを乗せた金属の塊が空を飛んでいるのがみえた。そんな風景や、マシンガンを持って街を歩きまわるタリバンの姿が、わたしたちの日常生活の一部になった。弟たちが友だちと遊ぶとき、かくれんぼをするのをやめて、タリバン対政府軍ごっこをするようになった。紙で銃を作って、お互いを撃ち合う真似《まね》をして遊ぶのだ。わたしたち女の子も、くだらない噂話《うわさばなし》やお気に入りの映画スターの話をすることが減った。タリバンの殺害予告の情報を交換したり、平和な日々がいつかまた来るのかしらね、なんて話し合ったりすることが多くなった。

生活が一変してしまった。想像したこともないような日々だった。

恐ろしい思いをするのが日常になった。爆弾が破裂するときの大きな音がしょっちゅうきこえた。地響きも感じた。地響きが強ければ強いほど、距離が近いということもわかった。爆発音が丸一日・度もきこえないことがあると、「今日はいい一日だったね」といいあった。夜中にパンパンという爆竹みたいな銃声がきこえない夜は、よく眠ることができた。

いったいどうして、わたしたちのスワート渓谷がそんな恐ろしい場所になってしまったんだろう。

二〇〇八年の終わり、タリバンが新しい命令を出した。すべての女子校を二〇〇九年一月十五日に閉鎖せよ、というものだ。従わなければ攻撃される。これぱかりは、父も従わないわけにはいかなかった。生徒たち――そのうちのひとりは自分の娘だ――を危険にさらすわけにはいかないから。

そのころ、わたしはＢＢＣのウルドゥ語のホームページにブログを書いていた。それはやがて海外の人たちにも読まれるようになり、パキスタンの女子教育が危機に瀕《ひん》していることを広く知ってもらうのに役立った。たとえば通学のようすを書いた。以前は学校まで歩くのがちょっとした楽しみだったのに、タリバンの影に怯《おび》えながら学校まで走らなきゃいけなくなったことだ。夜の過ごしかたも書いた。ときどき、家族全員で家の真ん中に固まっていなきゃならない。どの窓からもできるだけ離れていないと危険だからだ。そんな夜は、ミンゴラをとりまく山々に、爆音やマシンガンの銃声が響きわたっている。山といえば、前はピクニックを楽しんだところなのに。わたしたちの特別な遊び場だったところが、戦場になってしまったなんて。

学校閉鎖の命令が出てから、たくさんの女子生徒が学校に来るのをやめたり、教育を受けられるところに引っ越したりした。二七人いたわたしのクラスの生徒が、たった一〇人になった。けど、わたしを含むその一〇人は、閉鎖のその日まで学校に通いつづけた。ほんとうならその前に冬休みがあったけど、父が冬休みを延期して、できるだけたくさん学校に通えるようにしてくれた。

学校閉鎖の日、父はとても悲しんでいた。自分の生徒たちのことだけでなく、スワートの、教育を奪われた五万人の女の子たちのことを思っていたのだ。何百もの学校が閉鎖に追いこまれた。

学校では特別集会が開かれて、何人かがスピーチをした。自分たちや学校に起こっていることは間違っている、という趣旨のスピーチだった。みんな、できるだけ遅くまで学校に残って、けんけんの遊びをして笑った。わたしたちはまだ子どもだったし、恐ろしい状況のなかでも、子どもとしてそのひとときを楽しんだ。

家に帰っても、家族全員が悲しみにくれていた。けど、わたしにとってはとりわけ悲しい日だった。学校に行けないということは、夢をあきらめなければならないということ。将来の可能性が狭められるということ。教育を受けられないとしたら、わたしの将来はどうなってしまうんだろう。

3　国内避難民

先延ばしにした冬休みが終わると、弟たちはまた学校に通いはじめた。わたしは家にいた。クシャルはそんなわたしに「いいなあ」と冗談をいったけど、わたしは全然笑えなかった。タリバンは学校を爆破しつづけていた。学校が閉鎖された数日後のブログに、わたしはこう書いた。すごく驚いている。学校はもう閉鎖しているのに、どうして爆破しなきゃならないの？

父は活動を続けていた。わたしも父といっしょに活動して、テレビに出たり、ラジオのインタビューを受けたりした。女子教育を禁じたことが世界的な不評をかったので、タリバンは態度を軟化させ、二月までに「女の子でも四年生までは学校に行ってもよい」という発表がされた。わたしは五年生だったけど、これはチャンスだと思って、四年生のふりをすることにした。友だちの何人かも同じようにして、また学校に通いはじめた。それからしばらくのあいだ、わたしたちは〝秘密の学校〟に通う日々を楽しんだ。

まもなく、タリバンと政府軍の和平が宣言されたとき、わたしたちはほっとしたものだ。けど、それは表向きのものにすぎず、タリバンはさらに力をつけていった。二〇〇九年五月四日、政府はスワートの住民に避難指示を発令した。政府軍がタリバンに対して集中軍事作戦を遂行することになるという。本格的な戦闘状態になるので住民の安全が保障できないというわけだ。そのニュースをきいたとき、家族みんながショックを受けた。たった二日間のうちにスワートを脱出しなければならない。

母が泣きだしたけど、父は立ちあがって頭を横に振った。「こんなことはありえない」けど、外に出てみれば、現実を目にすることができた。道路には、人でぎゅうぎゅうづめになった車や、こぼれ落ちそうなほどの人を乗せたバスが、列をなしていた。オートバイやトラックやリキシャ、ロバに引かせた荷車で移動する人たちもいる。みんな、突然のことに呆然《ぼうぜん》としたような顔をしていた。車もなにもないから歩いて逃げる人も、何千人もいた。ビニールの袋に身の回りのものを詰めて、子どもたちをおんぶしたり抱っこしたり。手押し車に乗せられたお年寄りもいる。

けど、父は動こうとしなかった。ほんとうに避難しなければいけないのかどうか、しばらくようすをみるべきだ、という。

家のなかに重苦しい空気が満ちていた。結局、母が父の友だちの医師に電話をかけた。「いますぐ来てください。うちの夫、避難しないといってるんです。どうかしているわ」

その日、親戚のひとりがうちにやってきた。遠縁の親戚のひとりがタリバンと政府軍の戦闘に巻きこまれて死んだとのこと。

母は荷造りをはじめた。翌日にシャングラの親戚の家に行くつもりだった。わたしたちは国内避難民（IDP）になるのだ。

わたしは感情的なタイプの人間じゃないけど、その日は泣いた。ここから避難しなきゃいけない、そんな現実が悲しくて泣いた。この家とも、友だちとも、学校とも、永遠にお別れなのかもしれない。少し前、ある記者にきかれたばかりだった。いつかスワートを出て二度と戻れなくなるとしたら、どう思いますか、と。そのときは、なんて馬鹿げた質問だろうと思ったものだ。そんなことが起こるなんて、想像もできなかったから。けど、実際に避難しなければならなくなった。いつ帰ってこられるのかもわからない。二度と帰れないかもしれない。

弟たちは母に、ペットのニワトリを連れていきたいといった。車を汚すからだめよ、と母にいわれたとき、アタルは、ニワトリにオムツをつけるよ、といいだした。わたしはそんな会話をききながら、服を何枚かと学校の教科書をバッグに入れた。当時は五月だった。六月の終わりにはテストがある。そして同じ質問を何度も口にした。「どれくらいで戻ってこられるの？　一週間？　一ヵ月？　一年？」だれも答えてくれなかった。みんな、荷造りに忙しかったから。母には、教科書は置いていきなさいといわれた。車にそんなスペースはないから、と。わたしはがっかりして教科書をクローゼットに隠し、すぐに帰ってこられますようにと心のなかでお祈りをした。母は弟たちにも同じことをいっていた。

うちには車がないので、友だちの家の車に乗せてもらうことになった。わたしはサフィナの家の車に乗って、父の友だちの車のあとについた。そっちにはわたし以外の家族全員が乗っていた。どちらの車も人でぎゅうぎゅうだ。ミンゴラを出る車が長い列を作っていた。タリバンがあちこちの道路に丸太を渡して封鎖していたので、通れる道路が限られている。おかげで道路は大渋滞。列はのろのろとしか進まない。途中で、一台の大きなトラックをみかけた。ふたつの前輪のあいだに小さな踏み台みたいなものがあって、本来は人が乗るところではないのに、人がふたりそこに座って、ボンネットにしがみついていた。車が走っているうちにあそこから落ちることを思えば、ミンゴラにとどまったほうがまだ安全ではないか。でも、あの日のミンゴラはそれくらいの極限状態にあったということだ。

車のなかは窮屈だったけど、それに比べれば恵まれていたと思う。まわりは驚くばかりの風景だった。人、人、人。片方の肩にバッグをかけて、もう片方の手で子どもを抱えた母親。荷物が重すぎてまったく立てない人。荷物ひとつ持たず、靴も履かずに歩く人。五人乗りなのに一〇人くらい乗っている車や、一〇人乗りなのに二〇人乗っているトラックもあった。スカーフを子どもたちの手に結びつけて、はぐれないようにしている母親もいた。

これはいったいどういうことなんだろう。まるでスワート滅亡の日みたいだ。でも、だれひとり、好きこのんでこんなことをやっているわけじゃない。命を守るためには、こうするしかない。

シャングラに行くときにいつも通る道は、タリバンのグループに封鎖されていたので、遠回りしなければならなかった。政府軍は、市民に多数の犠牲者を出すことなくタリバンを制圧したいので、市民を避難させるしかない。タリバンはそれをわかっているので、市民を避難させたくない。市民を人間の盾として利用するためだ。

避難初日はマルダンまで行けた。ミンゴラから一〇〇キロくらいのところだ。そこにはすでにキャンプが設営されていたけど、わたしたちは幸運なことに、父の友だちの家に泊めてもらうことができた。あの夜のことで記憶にあるのは、恐怖と心細さで押しつぶされそうになっていたということだけ。頭のなかは、答えのない疑問だらけだった。わたしたちはどうなるの？　家は壊されない？　どうしてこんなことになったの？　この現実をどう理解すればいいの？

父は、こんなのはほんの二、三日で終わるからだいじょうぶだ、といいつづけていた。でもわたしたちは、状況はそんなに甘くないとわかっていた。

朝になると、シャングラに向けて出発した。父はペシャワールに向かうことになった。活動家の仲間三人といっしょに、スワートの平和を取り戻して住民ができるだけ早く帰ることができるよう、政府に働きかけるつもりだという。スワートで起きていることを世界中の人々に知ってもらいたい、ともいっていた。

父とハグして別れの挨拶をしたときは、涙がこみあげてきた。ききたいことがたくさんあった。いつ会えるの？　家族と離ればなれになって、だいじょうぶなの？　わたしたちはだいじょうぶなの？　けど、喉が詰まって言葉が出てこない。出てくるのはすすり泣きだけ。わたしは父の胸に顔を埋めて、泣き声を押しころした。

「ジャニ」父はわたしに呼びかけた。ペルシャ語で〝大切な人〟という意味の言葉だ。「強くなりなさい」

不安な旅が三日続いた。二日目の夜は出会ったばかりの親切な人の家に泊めてもらい、三日目の夜は薄汚れたホテルに泊まった。そのあとの二〇キロあまりの距離は、荷物を持ってひたすら歩いた。安全が欲しかった。みおぼえのある風景がみたかった。足を止めて休みたかった。座りたい——たったそれだけのことをあんなに強く思ったのは、あのときがはじめてだった。

当時のわたしは十一歳。避難というのがどういうことか、理解できる年齢だった。アタルはまだ五歳で、ただ逃げなきゃいけないということしかわかっていなかった。けど、しばらくして、頭のなかで繰りかえされていた問いかけがようやくやんだときには、わたしもアタルも、同じことしか感じていなかった。どうしようもないほどの疲労だ。

ようやく村にたどりついたとき、わたしはふうっと息を吐きだした。思えば、避難命令が出てからずっと、息を詰めていたような気がした。シャングラの親戚はわたしたちを歓迎してくれたけど、その顔は暗く沈んでいた。おじが最初に口を開いた。

「ついこのあいだ、タリバンがここにも来た。また来るかもしれない」

母は首を横に振るだけだった。疲れて泣くこともできないようだった。

安全な場所がどこにもない。

おじの家は石の壁と木の屋根でできていて、床は土を固めただけだ。土と木の湿ったにおいがする。わたしは目を閉じて、そのにおいを思いきり吸いこんだ。そのにおいが大好きだった。家族を意味するものだったし、そのひとときだけは、平和を意味するにおいでもあったから。

4　シャングラ

わたしたちはシャングラの人たちに歓迎してもらえたけど、ひとつの家に迷惑をかけすぎないように、父と母の親戚の家を転々として暮らした。わたしは母方のおじのアジャブの家が好きだった。最初の夜、アジャブの長女のスンブルが、いっしょに学校に行こうといってくれたから。

翌日の朝、学校に行くために着替えた。ふだんの生活に近いことができるのがうれしかった。でもそのとき、持ってきた服の上下がちぐはぐなことに気がついた。スンブルはにっこり笑って、シャルワール・カミーズを貸してくれた。あなたの服は田舎っぽいよ、と前にからかったことがあったけど、その日はほんとうにありがたいと思ったものだ。

朝食のあと、ふたりで出かけた。石のごろごろした未舗装の山道を三〇分かけて登っていく。学校はどんなところなの？　友だちは？　スンブルの好きな科目はなに？　数えきれないほど質問をした。父からの連絡はいつあるのか、スワートはどうなっているのか、ということも心配だったけど、また学校に行けることでうきうきしていた。自分がシャングラにいるのはタリバンのせいで、タリバンは女子教育を否定している。そう思うとよけいに、あんなやつらには負けないぞ、という強い思いを持つことができた。

わたしは、一学年上のスンブルと同じクラスに入れてもらった。驚いたことに、そのクラスには男子が十何人もいるのに、女子はわたしたちのほかにふたりいるだけだった。それだけじゃない。スンブルもほかの女子も、男の先生が教室に入ってきたら、顔を隠した。わたしはそうしなかった。授業中も、女子はまったく発言しない。手も挙げないし、質問もしない。最初の休み時間になると、男子は教室を飛びだしていって、お菓子を買ったりトイレに行ったりするのに、女子は席についたままで、小さな声でおしゃべりするだけだった。

外国に来たわけじゃないし、親戚といっしょにいるのに、自分はよそ者なんだと強く思いしらされた。わたしは遠慮なく口を開くし、先生が教室に入ってきてもうつむいたりしない。それは先生に敬意を払ってないわけじゃなくて、自分らしくふるまっているだけだ。礼儀だけはいつも忘れない。男子と同じように質問もしたけど、先生にあててもらえたのはいちばん最後だった。

帰り道、どうして授業中に黙っているのとスンブルにきいた。スンブルは肩をすくめるだけ。わたしはそれ以上はきかなかった。

親戚といっしょにいるのはうれしいけど、その理由は戦闘だ。ミンゴラに帰ったとき、街は様変わりしているんだろうか。タリバンは姿を消しているだろうか。政府軍はタリバンに勝つんだろうか。政府軍が勝ったら、そのあとはどうなるんだろう。

それから何週間か、同じような日々が続いた。学校に行き、スンブルといっしょに帰ってくる。宿題をしたり、本を読んだり、いとこたちと遊んだりしながら、父からの連絡を待つ。いとこたちとの生活は楽しかった。シャングラで過ごすのは前から大好きだったけど、今回はちょっと感覚がちがう。何日間と決めて遊びにきたのではなく、いつまでここにいることになるかわからないのだから。

母はノキアの携帯電話を持っていたけど、山あいの村では受信状態がすごく悪くて、大きな岩のてっぺんに登るとか、原っぱの真ん中に立つとかしないと、使い物にならない。毎日父に電話をかけようとしていたけど、つながらない日もあるようだった。

六週間たってようやく、ペシャワールでなら安全に合流できそうだ、という連絡があった。シャングラからペシャワールまでの移動は、前の移動に比べればずっと楽だった。道も封鎖されていないし、タリバンに止められることもない。それでも、その道のりはとても長く感じられた。

わたしたちがペシャワールに着くと、父は友だちの家の外に立って待っていてくれた。両手を広げて、満面の笑みを浮かべていた。前より痩せたみたいだったけど、とても明るい表情をしていた。弟たちは車の座席で飛びはねながら、どちらが早く車のドアをあけられるか競いあおうとしていた。みんなで抱きあったとき、わたしは久しぶりに喜びの涙を流していた。

家族全員が揃《そろ》った。もうだいじょうぶ。


それからの数週間は、あちらへ行ったりこちらへ行ったりの暮らしだった。友だちや親戚の厚意がありがたかった。避難民としての暮らしにはつらいことがたくさんあるけど、なかでもいちばんいやなのは、ほかの人に負担をかけてしまうことだ。

ＩＤＰのカードを持っていたので、食糧は配給を受けることができた。畑をいくつも持っていたような裕福な暮らしをしていた人でも、避難民になれば、列に並んで小麦粉をもらうしかない。

　十二歳の誕生日をハリプールのおばの家で迎えた。二ヵ月のあいだで四つめの滞在先だ。ただし、誕生日を祝ってはもらえなかった。みんな、そんなことは忘れてしまっていたから。スンブルがケーキを持ってきてくれたけど、そのときにはもう真夜中を過ぎてたから、もう誕生日じゃなかった。みんな忘れてたんだな、とわかった。大変な状況ではあっても、ちょっとしたサプライズくらいはあるんじゃないかと思ってたのに。いま思いかえすと、ばかだったなと思う。誕生日を祝ってもらえないことくらいでいじけてたなんて。親戚の家で気楽に暮らしていられるだけで幸運だということに、あのときは気づいていなかった。十一歳の誕生日みたいに、友だちと楽しくケーキを食べたかった。ミンゴラに帰りたい、家に帰りたい、タリバンがいなかったころの暮らしに戻りたい――そんなことばかり考えていた。

　でも、十二歳になったばかりのわたしでも、なつかしい故郷はもう夢のなかにしか存在しないんだとわかっていた。ケーキのキャンドルを吹きけすかわりに目を閉じて、平和を心から祈った。

5　帰郷

　待ちに待った知らせがやってきた。家に帰れる。けどなんだか現実味がなかった。なにかを強く願いすぎていると、実際にその願いが叶《かな》ったとき、ほんとうだろうかと信じられないということがあるものだ。

親戚の友だちが用意してくれたピックアップ・トラックの後部座席に乗りこんだ。隣には父がいた。そのときやっと、これは現実なんだと思えた。家に帰れるんだ！　自分のベッドで寝たり、自分の本を読んだりできる。友だちや近所の人にも会える。学校にも行ける！

でも、ミンゴラに向かう道中で、そんな喜びには影がさし、不安が頭をもたげてきた。銃弾の穴だらけになった家を何軒もみたからだ。瓦礫の山になってしまった家もあった。どこをみても、紛争が終わったばかりだと思いしらされる。でも、そのことをのぞけば、静かで落ち着いた雰囲気ではあった。ミンゴラはどうなっているんだろう？　通ってきた村みたいにひどいありさまなんだろうか。元に戻るまでにどれくらいかかるの？　空には太陽が輝き、空は美しい青。白い雲が浮かんでいる。険しい峡谷を流れ落ちる滝は、いつもどおり美しい。以前のスワートを思い出させてくれる。

ミンゴラに近づいて、スワート川がみえてきたとき、父がはっと息をのんだ。目には涙が浮かんでいる。感無量になっているんだ、と思った。わたしがペシャワールで父に再会したときと同じような気持ちになっているんだろう。そう、胸に希望が生まれたのだ。

いまになってみれば、故郷の街に帰れたわたしは幸運だったと思う。家に帰れない人もたくさんいるんだから。でも、そのとき生まれた希望は、すぐに色あせてしまった。目の前にあらわれたミンゴラは、わたしの知っているミンゴラではなくなっていた。

命からがら逃げ出したあの日から、三ヵ月近くがたっていた。戻ってきた街はがらんとしていた。バスも車もリキシャも走っていないし、人の姿もない。しんとした街に、トラックのエンジン音だけが響いている。父は必死に涙をこらえているようだ。

黙って車に乗っているわたしたちがみたものは、すっかり様変わりした街だった。ほとんどすべての建物は弾痕だらけになったり崩れてしまったりしている。跡形もなくなってしまった建物もあるし、道の真ん中には黒こげの車が何台も放置されていた。それだけじゃない、この街をこんなふうに壊してしまった、覆面をしてマシンガンを持った男たちの姿がどこにもない。

愛するスワート渓谷の悲惨なありさまをみて、胸がはりさけるような思いがした。そして怒りがよみがえってきた。そもそも自分の街から出ていかなきゃならなかったのが腹立たしい。そのうえ、街がこんなふうに破壊されてしまったなんて。

もうすぐ家に着く。わたしはとても不安だった。家は爆破されていないだろうか。略奪の噂もきいていたから、どうなっているかわからない。父が門をあけた。庭に入ると、草が膝の高さまで伸びていた。

家はしんとしていた。ちょっと埃《ほこり》っぽかったけど、それ以外は、出ていったときのままだった。なにもかも、元の場所にちゃんとある。弟たちはニワトリのようすをみに裏庭に走っていったけど、泣きながら戻ってきた。飢え死にしてしまったというのだ。みにいくと、がりがりに痩せた二羽《わ》の死骸は、互いの翼をからませるようにして横たわっていた。抱き合ったまま、息をひきとったんだろうか。悲しみが喉をしめつけてきた。ニワトリが生きていられるとは思っていなかったけど、その亡骸《なきがら》は、なにかもっと大きな悲劇を象徴しているように思えた。

客室に駆けこみ、クローゼットの扉を開いた。教科書を入れたバッグは、ちゃんとそこにあった。

ひどく動揺していた。自分の部屋に入って気持ちを落ち着けようとした。家に帰ってくることができたし、教科書も無事だったし、タリバンもいなくなった。いいことばかりだ。なのに心が悲しみでいっぱいなのはどうしてなんだろう。

その日、父といっしょに学校をみにいった。いつもは渋滞している道路ががらんとしていた。喧騒《けんそう》に包まれていた街が、墓地みたいにしんとしていた。

家は無事だったけど、学校は戦闘の基地にされたのが明《あき》らかだった。机がひっくりかえされて、壁にはいくつもの穴があけられている。どの穴も、マシンガンの銃身をさしこめるくらいの大きさだ。そこらじゅうに紙が散らばり、床にはタバコの吸殻も落ちていた。教室をひとつずつみてまわるたび、父は信じられないというように頭を横に振った。

それから何日かのあいだ、父は学校のスタッフに連絡を取りつづけていた。街のだれもが、早く仕事に戻って、元通りではないけれど普通の生活をしたいと思っていた。それにはやることが山積みだった。街に戻ってくることはできたけど、そこには新たな困難が待ち受けていたのだ。戦場にされた場所に、街と生活を建てなおさなければならない。

ミンゴラに戻れたこと自体は、わたしたちの勝利だと思えた。やっとのことで平和が戻ってきたのがうれしかった。けど、心に残った不安はいつまでも消えていかなかった。だれにとっても、安全な暮らしなんてどこにもない。

わたしたちが避難民になる前、タリバンは街のそこらじゅうをうろついていた。いま、タリバンはどこかに隠れて、自分たちを批判する人々の命を狙っている。姿はみせないけど、彼らはまだ戦いをやめたわけではないのだ。どこにひそんでいるかわからない。市場や学校の外、バスのなかにも、変装したタリバンがいるかもしれない。組織は壊滅状態だとしても、タリバンがいなくなったわけじゃない。あちこちに散らばっているだけなのだ。

普通の生活が戻ってきた。道路をタクシーやリキシャが走り、店も営業を始めた。学校やそのほかの施設も再開された。父の学校も再開の準備にとりかかった。友だちや近所の人たちにも会えるようになった。政府軍はスワートからタリバンを追い出したけど、タリバンを殲滅《せんめつ》したわけではない、とはわかっていても、わたしたちは次第にその事実に慣れていった。どこかからきこえる小さな雑音くらいにしか感じられず、すっかり忘れてしまうこともあったし、襲撃のニュースが報じられて、やっぱり怖くてどうしようもなくなることもあった。

わたしは女子教育を求める活動を再開した。女子教育の禁止に反論するスピーチをしたりブログを書いたりしていたときに、せっかくあちこちのマスコミから注目されていたんだから、その立場を無駄にせず、活動をずっと続けていきたかった。社会には変化も生まれはじめていた。四〇〇もの学校が破壊されたが（そのうち七〇パーセントが女子校だった）、その多くが再建されたのだ。状況は改善しつつあった。殺人予告も減って、暮らしに安全を感じられるようになってきた。そのうち、小さくきこえていた雑音さえきこえなくなり、タリバンについて考えることもほとんどなくなった。

でも、思いどおりにならないのが人生だ。わたしは、学校を卒業したら政治家になって、パキスタンの女の子たちの力になりたいと思っていたのに……。二〇一二年十月九日、わたしは銃撃された。女子教育と平和を求める活動をしていたことで、わたしは殺害予告を受けていた。

その日起こったことは何度も語ってきたから、ここではもう語らない。ただひとつ知ってほしいのは、ああいう経験をした人間がその後どうなるかということ。多くの場合はふたつにひとつだ。ひとつは、希望を完全に失い、心がずたずたになってしまうケース。もうひとつは、だれになにをされてもくじけない強さを手に入れるケース。

自分にはどうしようもない力によって人生を大きく変えられる――一度ならず二度までも、

わたしはそんな経験をさせられた。今回はわたし個人を標的にした凶行だったけど、わたしのまわりのたくさんの人たちに影響を与えた。わたしはミンゴラからペシャワール、さらにラワルピンディへと移送され、撃たれてから六日後には、薬で眠らされたまま、イギリスのバーミンガムに運ばれた。銃撃の記憶がないのは幸運だった。銃撃後のことも覚えていない。記憶にあるのは、スクールバスのなかで友だちとテストの話をしていたことだけ。目をあけたら、そこは病院だった。

わたしの顔にはあざができていたし、頭も割れるようにいたかった。片方の耳がきこえず、顔の片側を動かすこともできなかった。病院のベッドから身を起こすこともできず、外国でひとりきり。お医者さんたちはわたしのことを知っているみたいだったけど、わたしはお医者さんたちのことを知らなかった。ふたたび避難民になったようなものだった。体にたくさんの機械をつながれて、生かされていた。

でも、わたしは強さを手に入れた。

6　ふたつの世界のはざまで

退院して新しい人生を歩みはじめたとき、パキスタンからイギリスに運ばれた日から三ヵ月近くたっていた。外に出て最初に感じたのは、だれかがくれた紫色のパーカに吹きこんでくる冷たい風だった。わたしの体より二サイズくらい大きくて、自分が小さな人形になったような気がしたものだ。冷たい風が首もとや手首から入ってきて、骨まで凍りつきそうだった。体が温まることは二度とないんじゃないか、とまで思った。空はどんよりとした灰色で、地面を覆う白い雪まで濁った色にみせていた。ミンゴラの暖かさや日差しが恋しかった。

車でバーミンガムの通りを走り、ある高層ビルに向かう。両親が何週間かをホテルで過ごしたあと、引っ越したマンションだ。にぎやかなバーミンガムの街は、ちょっとイスラマバードに似ていると思った。ただ、バーミンガムの高層ビルはほんとうに高くて、みあげていると頭がくらくらするほどだ。色とりどりのネオンサインで飾られた建物もあるし、アルミ箔《はく》で包んだような建物や、全面に鏡を貼りつけたような建物もある。

人々もちがう。白、褐色、黒と、肌の色がさまざまだ。ヨーロッパ、アジア、アフリカ、いろんな国から来た人々がいるからだ。凍《い》てつく通りに目をやると、ブルカで全身を覆った女性たちの横を、ミニスカートの女性たちが歩いている。むきだしの脚一面に鳥肌を立てて、履いているのは信じられないような高さのハイヒール。わたしは思わず笑ってしまった。イスラマバードにいたとき、ヒジャブをかぶっていない女性をみると、なんてリベラルな人だろうって思ったものだから。

わたしの家族は、着替えもなにも持たずにパキスタンからバーミンガムにやってきた。荷物を取りに家に帰る時間もなかったし、そんなことをするのは危険だったから。つまり、西も東もわからない土地で、まったくのゼロから新生活をスタートさせなければならなかったわけだ。まずは家のなかのもの。お皿、鍋、ナイフやフォークがないと、家で食事ができない。ミンゴラにいるときなら、母はそういう買い物を楽しんだだろう。けど、母にいわせると、ここのキッチンにいても、よそのキッチンにいるような気がするそうだ。そこが自分の居場所とは思えないし、自分は見知らぬ土地にやってきたよそ者、という気分になってしまうという。

まるで月面に降りたったような感じ、とでもいえばいいだろうか。なにもかもが、見た目も、においも、手触りもちがう。家に帰ってくるのだって、エレベーターに乗らなきゃならない。わたしは前の年の夏に父とふたりでエレベーター乗ったことがあり、小さな鉄の箱で運ばれる経験をしていたけど、母にとっては宇宙船に乗るようなものだった。エレベーターに入るとすぐに目を閉じて、お祈りをつぶやいていたものだ。そうしてようやく自分の家の玄関に入ると、今度はこんなことをよくいっていた。「こんな高い建物のいちばん上の部屋に住んで、火事や地震があったらどこに逃げればいいの？」パキスタンでは、なにかあれば走って外に逃げればよかった。だから、母は地面と同じ高さで暮らすほうが好きなのだ。

バーミンガムで暮らしはじめたばかりのころ、わたしはパキスタンでの避難民生活を思い出すことが多かった。まわりの人々の顔がちがうし、食べ物も、言葉もちがっていたけど。バーミンガムでの暮らしは快適で、手厚い配慮もしてもらっていた。でもわたしたちは、ここに住みたくて住んでいるわけじゃない。故郷が恋しかった。

はじめのうち、バーミンガムでの暮らしは一時的なものにすぎないと思っていた。そのうちパキスタンに帰って、三月にはテストを受けるつもりだった。自分の命がまだ狙われているなんて、知らなかったから。両親はわたしを怖がらせたくなくて、黙っていたそうだ。

三月になったけど、テストは受けられなかった。それでもまだ、そのうち――近いうちにパキスタンに帰るつもりだった。クラスメートたちにも会いたかった。病院にいるあいだと同じような気分だった。もちろん家族がどこでどうしているんだろうという心配はしなくてよくなったけど、この暮らしはそのうち終わるんだという気持ちは同じだった。けど、四月からは近所の学校に通うようになった。これからもバーミンガムで暮らすことになるんじゃないか、と思うようになりはじめた。

簡単になじめないことがいろいろあった。まず、長いウールのスカートの下に、紺色のタイツを履くこと。ちくちくする肌触りが好きになれなかった。ゆったりして着心地のいいシャルワーズ・カミーズがなつかしい！　学校の校舎はすごく大きくて――石造りの三階建てだった――階段が三ヵ所あった。階段は赤と青と緑色に色分けされていて、それぞれ別の建物に行けるようになっている。建物と建物をつなぐ廊下だけじゃなくて、橋まである。まるで迷路みたいだった。何週間もかけてようやく、どこをどうやって進めばいいのかわかるようになった。

教室のなかでだけは、内心のとまどいをだれにも知られないようにふるまうことができたけど、休み時間やランチタイムはそうもいかない。いちばん孤独を感じる時間だったから。ほかの生徒たちはグループに分かれて座って、おしゃべりしたりくすくす笑ったりしている。わたしは持っている本を読んでいるふりをしていたけど、モニバやマルカ・エ・ルールやサフィナをはじめとした、ミンゴラ時代の友だちが恋しくてたまらなかった。空腹ならものを食べれば癒《いや》せるけど、心にあいた穴はどうしてもふさぐことができない。バーミンガムのクラスメートたちは、ミンゴラのクラスメートたちと全然ちがう。どの子も同じようなしゃべりかた。言葉が口からいっぺんに出てくるみたいに、すごく早口だ。わたしはどうしていいかわからなかった。自己紹介をして、みんなに話しかけるべきなの？　声をかけられるまで待っているべきなの？　ジョークをきいて笑えばいいの？　自分もジョークをいったほうがいい？　わたしの知らない言葉もしょっちゅうきこえてくる。わたしもあんなふうにおしゃべりしたり、悪い言葉を使ったりしなきゃならないの？　みんなと同じタイミングで笑わなきゃだめ？

あれこれ考えていると、それだけで疲れてしまう。一日の終わりのベルが鳴るのが待ち遠しかった。家に帰れば家族とパシュトー語で話せるし、弟たちをからかうこともできる。スカイプでモニバとおしゃべりしたり、母とインドのメロドラマをみることができる。わたしには、それが唯一の慰めだった。

パキスタンに帰るのは難しそうだという事実を、なかなか受け入れることができなかった。そのころには、タリバンがわたしを殺すと公言しているのを知っていた。でも、若くて楽天家のわたしは、いつかきっと帰れると信じていた。だから、バーミンガムでの暮らしにどんなに慣れていっても、やっぱりこれは仮の暮らしだという考えを、心の奥底に持ちつづけていた。わたしはパキスタンから追放されたわけじゃない。いまは帰れないとわかっていても、いつか帰れると信じることはできる。

心の救いになったのは、世界中から届いた何千通もの手紙だ。わたしが女性や女の子の権利を求めて立ち上がったことに「ありがとう」と書いてある手紙はとくにうれしかった。自分がこれからも女子教育を求めて闘っていくかどうかを考えていたときにも、そうした手紙が届いた。そしてわたしは、わたしを黙らせるというタリバンのミッションは失敗に終わったのだと気がついた。わたしを黙らせるどころか、わたしの声を海外に広く轟《とどろ》かせる結果になったのだ。世界中の人々が、わたしが情熱を捧《ささ》げていた活動に賛同してくれている。わたしを支持したい、わたしの仲間になりたい、そういってくれている。だからわたしは、活動を続けようと決めた。

そのときから、「あなたはこれからどうするつもり？」ときかれると、「女子教育のための闘いを続けていきます」と答えるようになった。パキスタンで始めた活動を、新しい故郷になったバーミンガムで、続けていこうと決めたのだ。

GIA
TURKMENISTAN
AZERB.
AFGHANISTAN
IRAN
RAQ
PAKISTAN
SAUDI
ARABIA
U.A.E.
OMAN
YEMEN
DJIBOUTI
IOPIA
SOMALIA

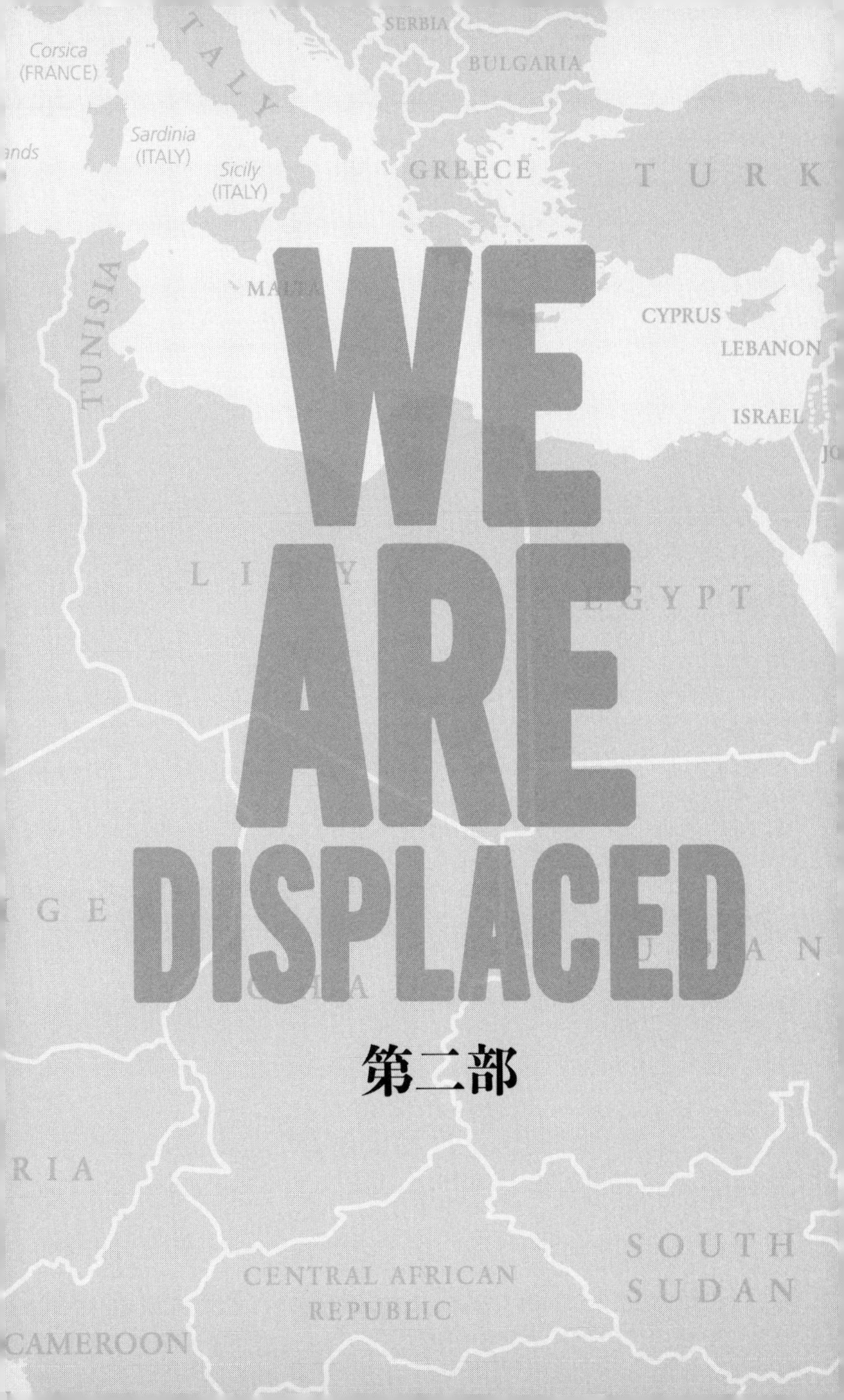

WE ARE DISPLACED

第二部

わたしは難民ではない。でも、住む街や国が危険だから逃げなきゃならないという状況は理解できる。難民とか避難民とかいう言葉をきいたとき、わたしの頭に思いうかぶのは、苦難に負けない力、勇気、果敢といった言葉だ。そして思い出すのは、二〇一四年にはじめて訪れた、ヨルダンのザータリ難民キャンプのこと。そして、国境近くの難民キャンプで出会ったたくさんのシリア人のこと。みな、つらくて苦しい旅を終えてキャンプにたどりついたばかりで、同時に、先のみえない不安な暮らしを始めたばかりだった。マズーン、マリア、マリー・クレール、ナジラ、ザイナブをはじめとした、若くてすばらしい女性たちのことをよく覚えている。彼女たちと出会ったおかげで、自分のしてきた経験の意味をより深く考えることができたし、また、それによって、彼女たちの経験を理解することもできた。

世の中の人々の多くは、難民にはふたつの感情しかないと思っているようだ。受け入れてくれた国への感謝と、安全な暮らしを手に入れた喜び——そのふたつ。ほんとうは、さまざまなものを我が家や祖国に置いてきたことからくる複雑にからみあった感情があるということを、なかなか理解できないのだろう。たしかに難民は、危険や暴力から逃げてきた人々だ。ニュースで注目されるのもそのことばかり。でも、同時に難民は、愛する我が家や祖国を失った人々でもある。難民や国内避難民を語るとき、そのことが忘れられがちだ。現状ばかりが注目されて、彼らが失ったものが語られることはない。

わたしは、わたし自身とわたしの家族を受け入れてくれたイギリスに、心から感謝している。でも、祖国を恋しく思わない日は一日もない。友だちも恋しいし、ミルクとお砂糖を加えて煮立てたパキスタンのお茶も恋しい。イギリスに来てからも、母はわたしの大好きなお米と鶏肉《とりにく》の料理を作ってくれるけど、パキスタンで食べていたのとは味がちがう。どうちがうのかはうまく説明できないけど、パキスタンで食べていたもののほうがおいしかったのは確かだ。魚もそうだ。パキスタンでよく食べていた、身の薄い魚にスパイスをまぶしてフライパンでソテーしていたものは、イギリスの人々が大好きなフィッシュ・アンド・チップスとは全然ちがう。こっちでは、道路を歩いていてパシュトー語がきこえてくることもないし、祖父が住んでいた山あいの村とちがって、土砂降りの雨のあとに土のにおいがすることもない。緑豊かなスワート渓谷が恋しい。生まれてから十五年間、わたしが慣れ親しんでいた故郷が恋しい。

でも、恋しくないものもたくさんある。ミンゴラの道路を歩いているときにタリバンの兵士をみかけたときの、あの緊張感。夜寝る前にドアに鍵をかけたかどうかを何度も確かめなければならなかった、渓谷が危険に満ちていた十歳から十二歳までの三年間。反タリバンの活動仲間との打ち合わせに出かけた父の帰りを真夜中に待っているときの不安。ベッドに入っていても眠ることができず、父が無事に帰ってきますようにと祈りつづけていた、真っ暗な夜の心細さ。

政府軍に包囲された街に響きわたる音も、二度と経験したくないもののひとつだ。上空を飛ぶヘリコプターの音。日に日に近くなる爆弾の音。そのあと、わたしたちはとうとう政府から避難を命じられた。

でも、やっぱり家は恋しい。わたしが出会った女性や少女たちの心にも、同じ思いがあるのがよくわかった。わたしは自分のことを、難民の国際的擁護者などとは思っていない。ただ彼らに会いにいって、いっしょに座って話をきくだけだ。〝話をきく〟――そこから、この本の企画が始まった。難民のひとりひとりに、恋しく思う音やにおいや味がある。さよならさえいえずに別れてきた人々がいる。旅の途中で、忘れがたい経験をいろいろしているし、決して忘れたくない顔や声があるだろう。

そんな女性や少女たちに捧《ささ》げるつもりで、ここまではわたし自身の経験を書いてきた。ここからは、わたしの出会った人々の話を書いていこう。正直、わたしはいつまでも自分の話なんか書いていたくない。だいじなのは、いまを生きることと、将来に視線を据えることなのだから。しかし、わたしの話をききたいという人がいるならば、そして、わたしが自分の経験を話すことで、わたしに注がれる光でまわりも明るくすることができるなら、それも悪くない。やむにやまれず我が家と祖国をあとにした人のひとりとして、話をしよう。わたしたちの心に刻まれた数々の物語は、やがて、地球全体に広がっていくことだろう。

※以降はマララさんが出会った女性たちの視点から語られます。

ザイナブ

Zaynab

どうしてわたしだけ？

●

イエメン→エジプト→アメリカ，ミネソタ

ミネアポリスで、あるパワフルな若い女性に出会ったのは、映画『わたしはマララ』のツアー中のことでした。イベントの趣旨は、若い人たち向けに映画を上映し、そのあとでトークショーをして、みてくれた人たちの暮らしぶりについて話してもらうというもの。いろんな人たちの話のなかできわだっていたのは、ザイナブの話でした。ザイナブの強い決意も伝わってきました。その話によると、ザイナブは紛争のせいで二年間学校に通えなかったものの、GPA4・0というすばらしい成績で、大学を首席で卒業したばかりとのこと。でも妹のサブリーンは、ザイナブとはまったくちがう人生を歩むことになったといいます。それは、サブリーンがザイナブほど賢くなかったからでもないし、努力が足りなかったからでもありません。ザイナブはアメリカ合衆国で暮らすビザをもらえたのに、サブリーンはビザをもらえなかったからなのです。

——マララ

どういうわけなのかいまもわからないけれど、わたしはアメリカで暮らすビザをもらえて、妹はもらえなかった。シカゴに飛ぶ飛行機に乗ったとき、わたしは十八歳で、十六歳だった妹と離ればなれになった。

カイロの空港でサブリーンに別れを告げるのは、とてもつらかった。わたしたちは、それまでにいろんなものを失っていた。それより二年前、わたしたちは、危険度の高まったイエメンを出て、エジプトで暮らす遠縁の親戚の世話になった。そして、わたしはビザを手に入れてアメリカ行きの飛行機に乗ったけど、妹はそれができなかった。二〇一四年十二月のこと。その日以来、妹には会えないままだ。妹に会いたい、イエメンに戻りたい、内戦の前の日々が恋しい——わたしはいまもそんな思いに押しつぶされそうになる。

亡命先のアメリカで無事に暮らしているけど、妹のことを思うと、悲しい気持ちが先に立ってしまう。

とはいえ、自分がラッキーだったということはわかっている。この国に到着したとき、わたしには行く先があった。それまでみたこともない家だったけど、住む家があったのだ。わたしがアメリカに来たからこそ、十四年ぶりに母親に会うこともできた。

ミネアポリスの学校にはじめて行ったのは金曜日だった。アメリカに渡ってきてからまだ一週間しかたっていなかったし、英語は話せなかった。すごく寒い朝で、マフラーを顔までぐるぐる巻きにして目だけを出していたけど、そこだけ凍っちゃうんじゃないかと思ったくらい。生まれてはじめて経験する寒さだった。こんなに寒いところが地球上にあるなんて信じられない、と思った。前の日に母が買ってくれた新しい上着を着てたけど、そんなんじゃ冷たい風には歯が立たない。寒くて寒くて、血まで凍っちゃうんじゃないかと思いながら、バス停から学校までの短い距離を歩いた。暖かい校舎に入ったとき、ほっとしたのを覚えている。

ムスリムの生徒がほかにもいるのがわかって、喜びは倍増！　わたしはそれまで、アメリカには白人しかいないと思っていた。けど、すごくきれいな緑色のヒジャブをつけたソマリア出身の女の子もいた。鮮やかな赤いヒジャブの子もいたし、青いヒジャブの子もいた。廊下に色鮮やかな虹がかかったような気がした。

事務室に行って時間割を受け取るときは、興奮と不安が胸のなかでせめぎあっていた。学校はすごく大きくて、校舎がいくつもあった。自分が授業を受ける教室がどこにあるのかもわからない。上の階？　それとも下の階？　こっちの校舎？　あっちの校舎？

助けてくれそうな人をみつけて、すがる思いで時間割をみせた。その人は男性で、ハビブという名前だった。わたしは思わず笑ってしまった。だって、ハビブというのはアラビア語で「愛すべき人」という意味だから。そんな名前の人に出会えて、幸先《さいさき》がいいなと思った。ハビブに案内してもらって、一時間目の教室に行くことができた。教室では、先生がわたしをみんなに紹介してくれた。「ザイナブよ。エジプトから来たばかりなの」わたしはなにをいえばいいのかわからなくて、黙っていた。

するとと、生徒のひとりがアラビア語でいった。「じゃあ、アラビア語をしゃべるのよね？」その瞬間、朝食のときから感じていた息苦しさが消えていった。

その子の名前はアスマ。生まれはソマリア――わたしの母の祖国だ。でも育ったのはエジプト。その日は、学校が終わるまでずっと、わたしの隣にいてくれた。学校を案内してくれたり、通訳をしてくれたりして、わたしの親友になった。

それからまもなく、アブドゥワリという名の男子と知り合った。生まれはイエメンだけど、イエメン騒乱の前に国を出たという。つまり、爆撃や、人が死ぬところはほとんどみなくてすんだということだ。アメリカでの暮らしが気に入っていて、イエメンに帰るつもりはないというので、わたしはびっくりした。わたしはこの見知らぬ土地にやってきて一週間しかたっていないから、アブドゥワリのようにここになじめるのかどうか、まだ見当もつかない。それに、イエメンを恋しく思う気持ちが絶対に消えないだろうと思った。

わたしはイエメンで生まれた。母はソマリア人で、父はイエメン人。妹が生まれたとき、父はどこかに行ってしまった。わたしはまだ二歳で、父がどうしていなくなったのか、どこへ行ったのか、なにも知らなかった。知らされたのは、まただれかと結婚したということだけ。イエメンでは、男性は妻を四人まで持つことができる。だから別の人と結婚して、その人と暮らすためにうちを出ていったらしい。

イエメンにいたころの母の記憶もほとんどない。母は、わたしが四歳のときにアメリカに行ってしまった。抽選でビザを手に入れたものの、わたしたちを連れていくことはできなかったそうだ。でもわたしは、母がいなくなって寂しいとは思わなかったし、どうして連れていってくれなかったんだろうとも思わなかった。というのも、父方の祖母が、わたしたちをわが子のように育ててくれたからだ。わたしたちは、イエメンの大都市のひとつ、アデンに住んでいた。大家族で、いとこやおじ、おばがたくさんいた。祖母がわたしたちに愛情を注いでくれたので、両親がいないことなんて、なんとも思わなかった。

祖母はわたしたちに本を読んだり、先祖の話をきかせたりしてくれた。アラブの遺産や伝統を誇りに思っていて、目を輝かせて、アラブの詩を読んでくれたものだ。いっしょにいてほんとうに楽しい人で、大好きだった。二〇一〇年の九月にひどい転びかたをしたときは、すごく心配だった。わたしはまだ十四歳だったけど、それが重傷だということはわかっていた。祖母が痛がるので、妹とふたりで入浴や着替えを手伝ったり、食事の介助もした。一週間たっても祖母はベッドから起きられなかったけど、だいじょうぶよというばかりで、病院には行こうとしなかった。

だいじょうぶという言葉を、わたしたちは信じていた。

何週間かたったある日の夕方、家に帰ったわたしは驚いた。リビングに人がたくさんいた。みんな黒い服を着て、泣いていた。コーヒーのにおいがした。甘いデーツがある。だれかが死んだときにふるまわれるものだ。

「どういうこと？　なにがあったの？」わたしはきいた。

おばがわたしをみて、涙に濡《ぬ》れた顔を横に振った。

だれかがいった。「この子、知らないの？」

「知らないって、なにを？」わたしは大声を出していた。なにかおそろしいことが起こったんだとわかったから。

知りたかった。

でも、知りたくなかった。

そのとき、だれかがいった。「おばあちゃんが死んだのよ、今朝」

部屋から空気がなくなってしまったように思えた。

祖母はわたしたちのすべてだった。将来のことを考えるとき、その中心にはいつも祖母の姿があった。わたしの結婚式を祝ってくれる祖母。わたしの子育てを手伝ってくれる祖母。祖母が注いでくれた愛情をわが子に注いでやりたくても、祖母が教えてくれなきゃ、どうやったらいいのかわからない。祖母はこれからもずっとわたしのそばにいて、にこにこ笑っているはずだったのに。死んでしまうなんて、どうして？

　祖母は、父方の家族をひとつにまとめる役割も果たしてくれていた。祖母がいなければ、わたしと妹は居場所がなくなってしまう。しかも、イエメンの情勢は日増しに不安定になっていた。そのせいで、家族がばらばらに分散しはじめた。いとこの何人かは、両親といっしょに国内のほかの都市に引っ越していった。ヨーロッパに移った親戚もいる。わたしと妹は、おばのところに残った。おばにはわたしたちより年上の娘がふたりいたけど、そのうちひとりはヨーロッパへ、ひとりはシリアに行ってしまった。

　おばといっしょにアデンで暮らしているとき、本格的な騒乱が起こった。二〇一一年初頭のことだ。もとはといえばチュニジアのジャスミン革命がはじまりだった。チュニジア政権の崩壊をみたアラブ諸国の活動家たちがそれに続こうとして、シリア、イエメン、エジプト、リビアにデモが広まった。アラブの春と呼ばれた騒乱だ。どれも政変を求める動きであり、イエメンでは、三十年続いた政権が抗議の対象になった。はじめは平和的なデモにすぎなかったが、やがて、特定の地域の通行を政府が禁じるようになると、人々は銃殺の危険をおかしてまで、その地域を歩くようになった。そうして民衆の怒りが高まっていったのだ。罪もない市民が殺された、学校帰りの子どもたちまでが犠牲になった、という噂《うわさ》が流れた。わたしのおじも仕事帰りに撃たれた。ここではだれひとり安全には暮らせないんだ、と実感した。

二〇一二年初頭、教室にいたとき、先生がたが話しているのがきこえた。学校に爆破予告が届いたとのこと。もう終わりだ、わたしたちはみんな死ぬんだ、と思った。警察がやってきて、仕掛けられた爆弾を処理してくれた。おかげで、いまこうして自分の経験を話していられる。

爆破予告をしてきたのは何者か、爆弾を仕掛けたのはどのグループか、だれにもわからなかった。世界がひっくり返ったかのようだった。その日を皮切りに、ニュースで〝無差別爆撃〟と呼ばれるものが次々に起こるようになった。空から爆弾が降ってくる。次はいつ、どこが標的になるのか、だれにもわからない。

だれが爆弾を落としているのかもわからない。政府かもしれないし、革命組織かもしれないし、国を乗っ取ろうとしているテロリスト組織かもしれない。

十二月のある朝、爆音で目が覚めた。ベッドだけでなく、家全体が揺れていた。窓に駆けよると、少し離れたところに煙と土埃《つちぼこり》があがっているのがみえた。小石が落ちてくる音や、人々の悲痛な叫び声もきこえた。

そのときには、家族全員が目を覚まして、怯《おび》えていた。

「爆弾はうちに落ちていたかもしれないのよ」おばがいった。

それから何日もたたないうちに、また大きな爆音で目が覚めた。家がものすごく揺れた。シーツが生温かいもので濡れる感じがしたので、隣をみると、妹が目を大きくみひらいていた。怖くてお漏らししてしまったんだ、とわかった。わたしもすごく怖かったから、妹を叱る気にはなれなかった。窓辺に行って外をみると、近所の家の二階部分がなくなって、残った部分が瓦礫《がれき》の山に埋もれていた。そしてすぐそばから悲鳴がきこえた。とても苦しそうな声だった。だれかが怪我《けが》をしたのかもしれないと思った。いや、怪我ですんでいればいいのだけど。

おばは、祖母が亡《な》くなった悲しみから、まだ立ち直れずにいた。そこへ、無差別爆撃の恐怖が襲ってきたのだ。不安定だったおばの心は、その日、壊れてしまったらしい。ぶつぶつ独り言をいいはじめ、そうかと思うと長いこと泣きつづけていたりする。おばはわたしたちの面倒をみてくれる存在だったはずなのに、逆に、わたしと妹がおばの面倒をみなければならなくなった。おばは、現実の世界ではなく夢の世界に生きているような感じだった。

わたしは母に連絡を取ることにした。

母とは何年も話をしていなかったけど、力になってくれるだろうと信じていた。わたしの話をきいた母は、エジプトに行きなさいといった。祖母のまたいとこが住んでいるとのこと。多くのイエメン人がエジプトやイタリアやギリシャに逃げていた。どこであろうと、イエメンにとどまるよりましなのだ。わたしが知っている唯一の場所——我が家——は、住むにはあまりにも危険な場所になってしまった。

母は、カイロに行くための交通費を送ってくれるといったけど、正直なところ、わたしは気が進まなかった。未来がみえない状況で、知らない土地なんかに行きたくない。イエメンは恐ろしいところになってしまったけど、知らない土地じゃないし、わたしの故郷だ。祖母といっしょに暮らしていた場所でもある。イエメンを離れれば、祖母の思い出からも離れてしまうことになる。

エジプト行きの荷物には、祖母が触れたものをすべて入れた。たとえば祖母の着てた服。祖母のにおいが残っているような気がしたから。そのほかに、学校の朗読コンクールで優勝したときのアラビア語の詩集や、自分の服、書類や写真も入れた。そして最後に、祖母が亡くなったベッドにかかっていたベッドカバーを小さくたたんだ。祖母が最後に触れたものだ。身にまとうと、祖母に抱きしめられているみたいに感じられる。だからカバンに入れた。

飛行機でカイロに移動した。飛行機に乗るのははじめてで、怖かったけど、乗るしかなかった。カイロのアルファマスカンに住んでいる遠縁の親戚にお世話になったけど、すごくいやなところだった。汚くて、くさい。外の道路に動物の死骸でもあるんじゃないかと思うようなにおいがしていた。でも、ここで長く暮らすわけじゃないんだから――わたしは自分にそういいきかせた。母がアメリカ大使館に連絡をとっているから、そのうちわたしと妹のビザがおりるはず。エジプト暮らしは一時的なもの。

四ヵ月後、大使館から連絡があって、健康診断を受けてきた。いろんな検査を受けたし、採血もあった。次に呼びだされたとき、結核だといわれた。

「結核ってなんですか？」ときいた。

なんのことか、さっぱりわからなかった。

その二ヵ月くらい前からずっと咳《せき》をしていたし、毎晩高熱が出て、朝起きたときは汗まみれになっていた時期もあった。ものが食べられなくて急に体重が減った。でも、そのときにもちゃんと病院に行って、たいしたことはないといわれていた。結核だなんて、だれにもいわれなかった。

お世話になっていた家にはパソコンがあったので、結核という言葉を検索してみた。すると、人が死ぬこともある大変な病気だとわかった。それまでさんざんつらい経験をしてきたのに、病気で死ぬかもしれないの？　そんなのひどい。わたしはその家のおじに、大使館でいわれたことを話した。どうしたらいいか、アドバイスをもらえるかもしれないと思ったから。でも、期待ははずれた。「出ていけ！」といわれた。

「どうして？」わたしはびっくりして尋ねた。「なにも悪いことなんかしてないのに」

「おまえがいると、家族がみんな病気になるじゃないか！」おじの声が大きくなった。

おじは家のなかを歩きまわってわたしのものを集めると、わたしに投げつけた。「荷物をまとめてさっさと出ていけ！」

わたしは呆然《ぼうぜん》として家を出た。おばや妹にはほんとうのことを話せなかった。病気をうつすといけないから。詳しい検査を受けるようにと大使館から連絡があったから、近くの病院に入院することになる、とだけ話した。もちろんうそだ。わたしがおじに追いだされたと知ったら、おばや妹はわたしについてくるだろう。そうしたら病気がうつってしまうかもしれない。

どこに行ったらいいかわからなかった。エジプトでは、十七歳の女の子がひとりで家を借りることなんかできない。どうしてひとりなの？　とみんなに詮索されるだろう。毎晩男を連れてくるつもりか？　おまえは不良少女なんじゃないか？　なんていわれるかもしれない。

結局、カイロのドッキ地区に部屋がみつかった。大使館の近くだった。薬をもらったり注射を受けるために、毎日、半年以上も大使館に通わなければならない。そうしてはじめてビザを出してもらえるとのことだった。結核の症状がおさまってきたあとは、薬のせいで具合が悪くなってきた。けど、少なくとも病気を人にうつす危険はなくなったので、おばと妹に会いにいった。そのころには、ふたりは別の親戚の家に引っ越していた。わたしは具合が悪いことをだれにもいわなかった。

十二月の中頃に投薬が終わると、大使館はわたしのアメリカ行きをようやく許可してくれた。十二月二十七日はわたしの誕生日。これはそれまでの人生で最高の誕生日プレゼントだった。

「わたしたち、いつ出発できるんですか？」大使館で、わたしはきいた。

「わたしたち、というと？」

「わたしと妹です」

担当の係官はわけがわからないという顔をした。「アメリカに行くのはあなただけですよ」

パニックが全身に広がっていった。前にも味わったことのある感覚だ。

わたしは妹の名前を紙に書いて、念のためもう一度確認してもらった。

妹の書類もあるはずだ。きっとどこかにまぎれているんだろう。だいじょうぶ、ふたりとも
アメリカに行けるに決まってる。

係官はパソコンのデータを調べて、いった。「その名前はありませんね」

そんな……。

そのとき、係官がいった。「あ、ちょっと待って……名前があるわ」

よかった。ほら、やっぱりどこかにまぎれていただけなんだ。

「妹さんの申請は却下されていますね」

結核にかかっているといわれたときよりショックだった。祖母が亡くなったといわれたとき
ほどじゃないけど、それに近いレベル。

「どうして？」やっとのことでそうきいた。

係官は肩をすくめた。「申請が却下された、ということしかわからないわ」

大使館を出るとき、頭のなかはクエスチョンマークでいっぱいだった。なにがまずかった
の？　書類の書きかたがまちがっていたの？　妹もなにかの病気だったの？　わたしの結核が
うつったの？　どうしてわたしだけ許可されたの？　ひとつ疑問が生まれるたび、こう答えて

いた。だいじょうぶ、なんとかなる。妹の申請もきっと認めてもらえる。最初からすんなりいくほうがおかしいってだけで、この障害もきっと乗りこえられる。

母に電話をかけて、このことを知らせた。自分のアメリカ行きが許可されたのに、まったくうれしいと思えなかった。妹の申請が却下されたなんて！　母も、なにかの手違いだと思ったようだ。「きっとなんとかなるわよ」といった。

妹に話すのはつらかった。妹はわたし以上にアメリカに行きたがってたから。妹は幼いころからアメリカのテレビドラマ、『シークレット・アイドル、ハンナ・モンタナ』にハマっていたし、イエメンの情勢が不安定になる前から、「いつかアメリカに行きたい。ハンナの住んでる国だから！」といっていた。

話をきいた妹は、とても落ち着いていた。涙もこぼさないし、怒ったようすもない。「わたしはだいじょうぶよ。このままいとこたちといっしょに暮らして、またビザを申請するわ。そしたらすぐに行けるわよ」

妹をぎゅっと抱きしめると、その体が震えているのがわかった。わたしと同じ衝動を必死にこらえていたのだ。いったん堰《せき》が切れたら涙を止めることができなくなってしまうとわかっていた。

二〇一四年十二月、近所の人の車に乗せてもらって、妹といっしょに空港に向かった。チェックインするとき、荷物をふたつしか持っていけないといわれた。わたしが持っていた荷物は四つ。大きいのがふたつと、小さいのがふたつだ。わたしの人生すべてが詰まったものだけど、重量制限があるというのだ。四つとも持っていくとなると、二〇〇ドルの超過料金がかかるとのこと。わたしは二〇ドルしか持っていなかったし、それさえ、カイロからミネアポリスに移動するのにかかる四十八時間のあいだの食べ物を買うのに足りるかどうか、微妙な額だった。

　飛行機の時刻が迫っていた。しかたがない。いちばん重い荷物をあきらめることにした。子どものころから大切にしていた本や日記が入っている。祖母が縫ったキルトに包んであるし、わたしと妹のサブリーンも写った家族の写真も、そのスーツケースにしか入っていない。わたしは妹にスーツケースを渡し、大切にしまっておいてねとお願いした。

　そのあと、恐れていた瞬間がやってきた。妹との別れだ。かわいい妹にさよならをいわなきゃならないなんて。妹はこのときも泣かなかったけど、やっぱり体は震えていた。骨の髄から震えているのがわかった。わたしと同じだ。妹はわたしの耳元でこうささやいた。「離ればなれになるのは少しのあいだだけよ。またすぐに会える」

「一ヵ月か、長くても二ヵ月後には会えるわよね」わたしはそう答えて、体を離した。

「そうね」妹はいった。わたしは目に涙がこみあげてきたので、まばたきをしてこらえた。

「待ってるからね」

　アメリカ行きの飛行機に乗れば自由を感じられるはずだったのに。自由とか、希望とか。夢が叶ったという喜びとか。でも、わたしの心は鉛のように重く沈んでいた。わたしはシートベルトを締めて、窓に額を押しつけた。泣くところを、だれにもみられたくなかったから。

アメリカに渡ったあと、わたしは妹とフェイスタイムで連絡を取りあい、再会までの日を指折り数えるようにして待ちつづけた。わたしは妹に、アメリカでの学校や友だちのこと、食べ物のこと、ミネソタの寒さについて話してきかせた。妹はどの話もにこにこしてきいてくれた。それから、妹もアメリカに来ることができたら、あそこへ行こう、ここへ行こう、なんていう話もした。アメリカのショッピングモールはすごい。あんなところ、みたことがなかった。お店が数えきれないくらい並んでいて、いろんな人たちがいる。

おしゃべりをするたび、妹は元気をなくしていくようだった。アメリカ大使館からなんの連絡もなかったからだ。ふたりとも、心配になりはじめていた。

三ヵ月たったとき、妹はもう待てないといいだした。難民を乗せてイタリアに行く船があるから、友だちといっしょにその船に乗ろうと思う、というのだ。いったんヨーロッパに移動すれば、アメリカ行きのビザも取りやすいはずだ、という考えらしかった。

難民船のことは、わたしも耳にしたことがあった。けど、地中海を渡ろうとして、たくさんの人が死んだという話だ。妹はこういった。「だいじょうぶよ、大きな船だから。寝室やトイレもちゃんとあるの！」

費用はひとり二〇〇〇ドルとのこと。そんなに高いの⁉　わたしは驚いた。でも、それならたしかに安全なのかも。

母がお金を貯《た》めはじめた。母は看護助手をしていて、夜勤をたくさん入れることで妹の旅費を作ることにしたのだ。翌月、母はそのお金を妹に送った。

あとは、次の知らせを待つだけだった。

サブリーン

Sabreen

あと戻りはできない

●

イエメン→エジプト→イタリア

ザイナブ姉さんの乗った飛行機が、もうすぐ離陸する。それがほんとうに飛びたつまでは、これが現実だなんて信じられない――わたしはそう思っていた。姉は行ってしまった。わたしの手元に残されたのは、姉の大きくて重たいスーツケースだけ。わたしは涙をこらえながらスーツケースを引きずり、空港を出て、車に乗った。姉はもう空の上。新しい人生をはじめようとしている。なのにわたしはいままでと同じ生活に戻るだけ。ううん、同じじゃない。すべてのものに――家にも、わたしの心にも――大きな穴がぽっかりあいてしまった。

それからの一週間はとてもつらかった。みんなの態度がそれまでとはちがっていたからだ。姉といっしょにいれば、姉がいつでも守ってくれる。けどいまは、だれにも守ってもらえない。

そのうち、いとこのファヒーマを介して、イエメン人の女の子たちと友だちになった。みんな、エジプトを出たいと願っていた。そのうちのひとりが、ヨーロッパに行く船のことをどこからかきいてきた。詳しく調べてみよう、とみんなで決めた。

そんなわけで、二二〇〇ドルが必要になった。うち一〇〇〇ドルは、港町のアレクサンドリアに行くための切符代だ。アレクサンドリアに着いたら、安全に出発できる日までの滞在費として、さらに一〇〇ドルが必要。残りのお金がイタリアまでの船代になる。

姉にそのことを話すと、姉は小声で「それって危ないんじゃないの?」といった。

わたしはがっかりしたし、ちょっと腹も立った。お姉ちゃんはいいよね! いつおりるかわからないビザを待ってエジプトで暮らしつづけるつらさも知らないくせに、と思った。もう待つのはいや。はじめに申請してから二年もたつ。だから、姉に頼みこんだ。お母さんに話して。いい考えだと思うって、お姉ちゃんからもいって、と。姉はそうするといってくれた。

お金が届いたとき、ほんとうにうれしかった。

カイロからアレクサンドリアまではバスの長旅だった。いとこのファヒーマと、友だちがふたり、いっしょに乗っていた。四人姉妹ということにしよう、と決めてあった。そうすれば離ればなれにされないだろうから。バスに乗っているあいだ、わたしは胸がわくわくしていた。何ヵ月も前から計画して、お金が届くのを待って、いまようやく出発したところなのだ。四人でおしゃべりをした。どんな船に乗るんだろう。一日三回食事が出て、海の眺めを楽しみながら、イタリアに向かう。わたしたちのお金を受け取った人は、そんなふうに話していた。

アレクサンドリアに着くとすぐ、宿代の一〇〇ドルを払った。ぐっすり眠れるようなホテルに泊まれると思っていたから、がらんとした倉庫に連れていかれたときはびっくりした。床はコンクリートがむき出しで、家具もなければ毛布もない。なにかのまちがいだよね、といいながら、四人で肩を寄せあった。残りの旅はもっと快適なはず。

寒い倉庫で一睡もできないまま、朝になるとバスに乗せられた。窓はすべて、黒いビニールでふさがれていた。外は太陽がぎらぎらしているのに、まるで夜中に旅をしているかのようだった。窓の外はみえなかったけど、バスがひどく揺れるので、曲がりくねった田舎の道を走っているんだとわかった。わたしは気分が悪くなってきた。人がぎゅうぎゅう詰めなので、息苦しかったからだ。そのうち、ほかの人の話し声がきこえてきて、この旅がどんなに危険なものなのかがわかってきた。「つかまったら、みんな刑務所行きだぞ」だれかがそういっていた。

そのときから、ほんとうに怖くなってきた。危険がないわけじゃないとは思っていたけど、刑務所に入れられるなんて、思ってもみなかったから。でも、どうして？　わたしは、少しでもましな生活を送りたかっただけ。また姉さんといっしょに暮らしたかっただけ。でも、闇のなかからきこえる話し声の内容からして、わたしがイタリア行きを決めたのはまちがっていたようだ。つかまれば刑務所行き。姉にはもう会えない。

朝六時から夕方の六時まで、ずっとバスに乗りつづけだった。止めてくれ、とだれかがいっても、運転手は知らんぷりをする。そのうち、みんなが焦《あせ》りはじめた。トイレに行きたい！　喉が渇いた！　大声をあげはじめた。

「バスを止めてくれ！」

その言葉が効いたのか、運転手がブレーキを踏みこんで、バスは甲高い音をたてて止まった。

よかった！　わたしはほっとした。トイレに行きたかったし、新鮮な空気を吸いたかった。でも、運転手はドアをあけてわたしたちを外に出してくれたりはしなかった。運転席から出て通路をのしのし歩いてきて、叫んだ人たちを殴りつけたのだ。「黙れ！　おまえらが騒ぎたてたせいでつかまったらどうしてくれる！」

すごく怖くて、トイレに行きたかったことも忘れてしまった。運転手は運転席に戻った。「勘違いするなよ、これは楽しいバカンスなんかじゃない。おまえらは密航するんだ。静かにしてろ！」

わたしは目を閉じて、頬を流れおちる涙を止めようとした。楽しい旅だと思っていたのに、そんなのは幻だったんだ……。わたしたちは密航者。でも、だからって、どうしてこんなひどい扱いをされなきゃいけないの？

ほかのみんなも同じように思っていたようだ。バスのなかは、それからはずっと静かなままだった。

さらに一時間か二時間たつと、喉がからからになった。水はもうない。隣に座っていた友だちが、すぐそばの運転席に置いてある水のボトルに手を伸ばした。その瞬間、バスが止まった。運転手はドアをあけて、友だちをバスの外に放りだした。「行け！」

そして運転手は、バスの車内に向けて叫んだ。「行け！　走れ！」

胸ばかりがどきどきして、脚が思うように動いてくれなかった。上着をつかんで、みんなのあとを全力で追いかけた。すると、どこまでも広がる青い海がみえてきた。地中海だ。とうとう海辺までやってきたのだ。

走りながら、頭に思いえがいていたような船を探した。大きくて立派で、ベッドやトイレが備えつけられた船。でも、岸につながれているのは小さな釣り舟が三艘《そう》だけ。どういうこと？　必死に走りつづけたせいで、脚がずきずきする。胸も苦しい。息を吸っても吸っても、まだ苦しい。いま思うと、パニック状態だったんだろう。

船は？　あんな釣り舟に全員が乗れるはずがない。あのサイズじゃ、高い波にのまれてしまう。

カイロのおばの家に戻りたい。こんな小さな舟で地中海を渡るなんて、ありえない。正気じゃない。

そんなことを考えていると、体が動かなくなってしまった。文字通り、足を一歩前に出すこともできなかった。

そのとき、ひとりの男性が近づいてきた。「どうして泣いてるんだ？」

わたしは答えた。「無理。怖いの」

「後戻りはできないよ」

そんなことをいわれても、体が動かない。ほかの人たちはどんどん舟に乗っていく。わたしは男性にかつがれて、舟に乗せられた。

わたしは急に我に返って、叫んだ。「姉さんたちがいるの！　離ればなれになりたくない！」男性は三人をみつけてくれた。四人でいっしょに舟に乗りこむと、少しは安心できた。ひとりぼっちじゃない。

そのとき、バスの運転手がナイフをかざしていった。「エジプトの金や金目のものを持っていたら、いますぐ出せ！」

驚く人々から、運転手はお金を集めはじめた。ひとりの女性が指輪をしているのをみて、「その指輪をよこせ」といった。

女性はいわれたとおりにした。

わたしたちは怖くてたまらず、コーランを唱えて神様に助けを求めた。運転手はそれにひるんで、わたしたちからお金を取ろうとはしなかった。「おれだって、家族のためにしかたなくやってるんだ。おまえたちが払ったバス代はくすねてないぞ。あれは全部業者のほうに行って、おれの取り分はほんのちょっとなんだ。だから、こうして金目のものを集めてる。こうでもしないと生きていけない」

だれかにナイフのことを非難されて、運転手はこういった。「危害を加えるつもりはない。これは警察が来たときのためだ。つかまるくらいなら自分で死んだほうがましだからな」

それをきいて、ほんとうに後戻りはできないんだとわかった。わたしも友だちも、もう舟に乗っていた。まわりには、シリア、イラク、ソマリア、エジプトからの難民がたくさんいた。

バスは次々にやってきて、人が降りてくる。五歳の子どもを連れた母親もいた。舟に乗るとき、母親は濡れた岩の上で足を滑らせてバランスを崩し、子どもを冷たい海に落としてしまった。子どもは泣かなかったけど、海から引きあげられて舟に乗りこんだとき、その体は震えていた。

わたしは上着を一枚よぶんに持っていたので、荷物から出して子どもにかけてやった。

舟は荒れた海を進みはじめた。舟の横腹に波が当たって砕け、しぶきが降りかかってくる。わたしは友だちと抱きあいながら、大きくて立派な船のことばかり考えていた。たくさんの船室があって、トイレがあって、一日三回食事が出る、そんな船で旅をするはずだったのに、と。

わたしを抱えて船に乗せた男は、その舟のキャプテンだった。そのうち大きな船に乗りかえるんだ、といってたけど、大きな船なんかちっともあらわれない。舟が海の真ん中に出たころ、別の小さな舟が近づいてきた。その舟に乗りかえろ、といわれた。

「ベッドのある船に乗れるっていう話だったのに、これはどういうことなの？」わたしはきいた。

「そのうちでかい船に乗れる。その船には全員ぶんの船室があるし、トイレもある。食べ物も出るぞ」

六日目にようやく大きな船に乗りかえたけど、それは実現しなかった。たしかに大きな船だった。それまでの釣り舟とはちがう。でも、一〇〇人乗りの船に四〇〇人が乗せられたのだ。まさにぎゅうぎゅう詰めだった。

持ってきた食べ物はすっかりなくなっていた。その日まで、夜に眠るときは横になることもできなかった。座ったまま、ちょっとうとうとしたなと思ったら目が覚める、そんな日々だった。目覚めるたび、空をみて同じことを思う。わたし、天国に来たの？　それとも、まだ生きてるの？

二度目の乗りかえのとき、もうだめかも、と思った。疲れはてて、泣くこともできなかった。でも、食事は出るようになった。マメとツナとパン。だけどマメは生だったし、パンはかびていた。トイレはなくて、箱がひとつあるだけ。箱はすぐに糞便《ふんべん》でいっぱいになって、船が揺れるたびに中身がこぼれて、みんなが座っている床に飛びちる。

キャプテンがいうには、陸地に近づいているとのことだった。ところが、あと三時間で到着するというときに、船の燃料が切れた。岸まで泳ごうという人もいたけど、救命胴衣なんてだれも持ってなかったし、わたしは泳ぎかたさえわからない。そのときほど怖い思いをしたことは、それまでの人生でなかったと思う。

それから何時間も、奇跡が起こってくれないかとひたすら願っていた。すると、遠くのほうに船がみえるとだれかがいった。みんなが大声をあげはじめた。

大きな船だった。わたしが夢みていたようなやつ。

イタリアの沿岸警備隊は、わたしたちみたいな難民の船を探していたそうだ。すごくたくさんの難民が、こうしてイタリアをめざしているから。警備隊の船員はわたしたち全員を自分たちの船に乗りうつらせてから、そう説明してくれた。これほどなにかに感謝したくなったことが、それまでにあっただろうか。その時点で、水も食糧もなくなってから丸一日以上たっていたのだ。沿岸警備隊が赤十字に連絡を取り、赤十字がわたしたちのための船を手配してくれた。それを待つあいだ、イタリアの警備隊はわたしたちに水と食糧と毛布をくれた。トイレも使わせてくれた。すごく清潔なのがうれしくて、わたしは思わず泣けてきた。涙の止まらないわたしに、警備隊員たちは、もうだいじょうぶだよ、安全なところに行けるよ、と話しかけてくれた。

二時間後、陸地がみえた。九日ぶりだ。

また涙が出てきた。無事に陸地をみられるときが来るなんて、思ってなかったから。でも、たどりつくまでにはまだ時間がかかりそうだった。

ザイナブ

Zaynab

夢は大きく!

●

アメリカ，ミネソタ

妹から連絡が来なくなって、一ヵ月以上たっていた。

母は悲嘆にくれていた。

「どうしよう？　なにかあったんじゃないかしら？」

わたしは「だいじょうぶよ！」と答えたけど、ほんとうはわたしも心配でたまらなかった。

ギリシャからイタリアに向かう難民船が沈んだという話はしょっちゅうきいていたから、どうしても悪いほうに考えてしまう。

でも、ある日の夜、フェイスブックにログインすると、妹からのメッセージが届いていた。

イタリアに着いたわ。無事よ。

わたしは大声で母を呼び、そのメッセージをみせた。サブリーンが生きている！　地中海を無事に渡ったんだ！

翌日、またメッセージが来た。いま滞在しているところではインターネットの回線になかなかつながらないから、できるだけ早く電話をする、とのこと。

さらに何ヵ月かが過ぎた。わたしは朝から晩までフェイスブックにログインして、妹からのメッセージが来ていないか確かめる日々を過ごした。心配で心配で、なにも手につかなかった。若い女性の難民が強制送還されたというニュースをしょっちゅう目にしていた。妹がそんな目にあっていたら？　イエメンに戻されたって、妹の居場所なんてどこにもない。

それに、性的搾取《さくしゅ》の話もきいていた。なによりそれが心配だった。あるシリアの難民の少女は、ヨーロッパまで逃げたものの、そこで売春宿に連れていかれ、売春をさせられているという。このことを母に話したら、母は真っ青になった。母は、イタリアのアメリカ大使館にほとんど毎日電話をかけて、妹がミネソタに来られるよう働きかけていたのだ。なのに進展はなにもない。それ以上、なにをどうしたらいいのかもわからなかった。

タイミングも最悪だった。二〇一六年のアメリカ大統領選挙の結果、アメリカ国内ではムスリムの人々に対する敵意が高まっていた。ミネソタには全米最大級のショッピングモールがあるけど、そこにひとりで買い物に行ったとき、わたし自身もそのことを体感したものだ。上りのエスカレーターに乗っていたら、下りのエスカレーターに乗っている白人の男性が近づいてきた。わたしはいつものようにヒジャブをつけていた。男性はわたしをみて、いきなり「聖戦《ジハード》、聖戦《ジハード》！」と叫びはじめた。わたしはパニックに襲われた。相手が爆弾でも持っているんじゃないかと思ったからだ。振り返って、エスカレーターを駆けおりた。白人の男性はムスリムであるわたしをみて、わたしの存在じたいが危険だと、人々にいいたかっただけだった。でもわたしはすごく怖い思いをした。なにかされるんじゃないか、本気でそう思った。恐怖で胸がどきどきするのを感じながら、隠れる場所を探した。やっとのことでトイレをみつけて、個室に入った。ドアを閉めると、床にへたりこんで泣いた。

いまでも、あのショッピングモールには二度と行こうと思わない。

ミネソタでさえこんなに怖いんだから、妹はどんなに怖い思いをしているんだろう。


だいぶたってから、妹からのメッセージを受け取った。オランダの難民キャンプにいるという。そこにはＷｉ－Ｆｉがあるから、話もできるとのこと。声がきける！　無事だったんだ！　妹の友人たちも無事で、同じくオランダにいるそうだ。妹はひとりひとりをわたしに紹介してくれた。その話しぶりは、とても楽しそうだった。エジプトにいたときよりずっと元気で、希望に満ちている感じがした。

当時のわたしは、妹がどんなに過酷な旅をしてきたかを知らずにいた。詳しいことを話す機会がなかったし、話すときはいつも、未来のことや、どうやって再会する、ということばかり考えていた。情報交換にはフェイスブックを使った。写真も送りあった。そのうち妹は、イエメン出身の男性とオランダで知り合った、と話しはじめた。

「いい人なの。わたし、彼のことが好き」

それだけならよかった。妹がしあわせなら、わたしもしあわせ。そう思えた。

でも、それから二ヵ月ほどたって、わたしはショックを受けた。妹が「彼と結婚したい」といったからだ。

「サブリーン、あなたはまだ十八歳にもなってないのよ？　学校だって中途半端《ちゅうとはんぱ》なままじゃない！」

「学校には行かせてくれるっていってる。だいじょうぶよ！」

学校にはちゃんと行く、と妹は約束してくれた。でも、それからこういった。「わたし、だれかといっしょにいたいの」

胸を刺される思いがした。

妹は、母やわたしといっしょにいるはずだったのに。学校にも行けたはずなのに。いろんなことを学べたはずなのに。ひとりぼっちで外国で暮らす必要なんかなかったはずなのに。妹を責めることなんて、わたしにはできなかった。妹とわたしは、ちがう道を歩んでいたのだ。

その年の九月、わたしは十二年生になった。

いっしょうけんめい勉強したし、覚えも速かったから、十年生と十一年生を飛び級させてもらえた。五月、九年生の終わりに、学校の生徒会に入ることができた。生徒会なんてそれまで知らなかったけど、すばらしいものだと思った。生徒会のみんなと、教室でいろんな話し合いをした。

ひとりがこういった。「カフェテリアのメニューをもっと増やすべきじゃない？　いろんな国や地域から来た人がいるんだから、そういうことをもっと考えなくちゃ」

別の生徒がいった。「マイノリティの先生も、もっと増えたらいいのにな。自分と同じ肌の色の先生がいるほうがいいと思わない？」

わたしはそんな言葉に勇気づけられて、自分なりの提案もしてみた。スポーツなどのクラブ活動がないのはなぜか、気になっていた。バスケットボールやサッカーといったスポーツのチームが、うちの学校にはひとつもなかったのだ。

わたしはスポーツが好きで、イエメン騒乱の前は、男子みたいな格好をしてサッカーをやっていた。チームに入れるのは男子だけだったから、ズボンや大きなTシャツを着て、髪をまとめて帽子に隠して、チームに入れてもらった。サッカーはなによりの楽しみだった。だから、アメリカに来て、学校にサッカーチームがないと知ったときは、すごくショックだった。生徒会でその話をしたのが五月。九月に十二年生になり、別の校舎に移ったとき、体育館があるのを知って、すごくうれしかった。学校の先生のひとりがいった。「きみはサッカーチームが欲しいといっていたね。女子のサッカーチームを作ってみたらどうだ？」

できるだけたくさんの仲間を集めた。「サッカーなんてやったことないし」という子が多かったし、アフリカから来た生徒のなかには、ボールを蹴ったことが一度もないという子もいた。

わたしはこういった。「そんなこと、かまわないわよ。わたしが教えてあげる！」

みんなにサッカーを教えはじめた。ユニフォームをどうするか、というのが最初の問題だった。ムスリムの子が多いので、体を隠すデザインでなければならなかったのだ。そこで、短パンの下にはく長ズボンが手に入るまでは、丈の長いワンピースを着てプレイすることになった。髪もちゃんと隠す。わたしたちは、ミネソタで唯一の難民チームを結成した。

最初の試合のとき、審判にきかれた。「チームのキャプテンは?」

キャプテンなんて決めてなかったけど、みんなにいわれた。「ザイナブ、キャプテンはあなたよ!」

わたしがキャプテンになったのはいいけど、チームは試合に負けつづけた。それも、一二対〇とか、悲惨な負けかたばかり。

でも、そんなことはどうでもいい。プレイできるだけで幸せだった。ルールを学ぶのも楽しかった。つい最近の試合でも五対〇で負けたけど、わたしたちは胸を張っていた。だって、全力を尽くしたんだから! わたしはゴールキーパーだった。本来のゴールキーパーが、とうとうしり込みしてしまったからだ。だれもゴールキーパーにはなりたがらない。相手チームの選手に顔を蹴られたりして、ひどい怪我をすることがあるせいだ。その日の試合で、わたしは四〇ほどのシュートを防ぐことができた。

ホームレス・ワールドカップのコーチが、その試合をみていた。そしてわたしに「うちのチームに入らないか」といってくれた。

わたしは誘いを受けて、懸命にプレイをした。その結果、わたしは優秀選手として賞を受け、ヨーロッパでの大会に招待された。

そのころ、妹はベルギーに移りすんでいた。ヨーロッパに行けば、妹に会えるかもしれない！

ビザがおりて、旅行に必要な書類も準備万端。でもそんなとき、トランプ大統領がムスリムの出入国を制限するといいだした。グリーンカードを持っていないわたしは、それに引っかかった。

わたしはヨーロッパには行けなかった。

二〇一七年六月、招待を受けて映画『わたしはマララ』をみにいった。学校の友だち一〇人ほどといっしょだった。全員が難民。映画のあと、みんなでランチを食べていると、驚いたことに、マララがわたしたちのテーブルにやってきた。まるで映画スターに会ったような気分だった。マララは席について、わたしたちにいろんな質問をした。そのとき、わたしにはわかった。マララはわたしたちの仲間なんだ！　ただ、ちがう道のりを歩いてきただけ。わたしはマララに強い親近感を覚えた。

ランチのあいだ、マララはテーブルのあちこちに移動しながら、わたしたちにきいた。「あなたはなにを変えたいと思う？」

わたしはいろんな夢をすでに叶《かな》えていた。危険なイエメンから脱出して、アメリカに来ることができた。高校を卒業し、大学に行くことを考えている。妹もそうであってほしかった。できればアメリカで、同じように夢を叶えてほしかった。だけど、そのとき気がついた。わたしは前のわたしじゃない。妹のサブリーンもそう。いまの妹は、昔の妹じゃないんだ。どんなふうに変わってしまったのかはわからないけれど。

その後、妹は結局、難民キャンプで出会った例の男性と結婚して、ベルギーに移り、アパートを借りて暮らしている。夫は店員で、妹はオランダ語の勉強中。幸せだといっているし、わたしもその言葉を信じたい。二〇一八年十一月にははじめての子どもが生まれるという。

妹は、まだ市民権を手に入れていないそうだ。つまり、生まれてくる子どもも難民として扱われることになる。妹とその家族は、これからどうなるんだろう。わたしは？　母国のイエメンは？　イエメンの人々はどうなるの？

家族みんなと、イエメンで、幸せに暮らせたらいいのに。死んだ祖母も生き返ってくれたらいいのに。そんなことは無理だとわかっているけど、がんばれば叶えられる夢はある。それはわたし自身の将来のこと。教育をちゃんと受けたら、故郷に帰って、すべての間違いを正したい。あの美しかった家を建てなおしたい。だれの物語にもハッピーエンドがあるはずだ。わたしはわたしの人生にハッピーエンドをもたらしたい。

夢は大きく持つべきだ。妹にも、こうした苦難を経験したほかの人たちにも、大きな夢を持ってもらいたい。

マズーン

Muzoon

希望がみえた

シリア→ヨルダン

ザータリ難民キャンプで、ユニセフのガイドのひとりが、マズーンという名の少女を紹介してくれました。ガイドによると、マズーンは、キャンプにいる難民が教育を受けられるよう、献身的な活動を続けているとのこと。わたしは彼女にいろんなことをききたいと思いました。マズーンのテントを訪ねると、そこにはマズーンの両親、マズーンの弟や妹たち、そのほかふたりの家族が暮らしていて、窮屈そうではあったけど、みんながにこにこしてわたしと父を迎えてくれました。自分たちのことを気にかけてくれる人がいるとわかったのがうれしかったようです。

マズーンは英語が苦手だったけど、そんなことは障害にはなりませんでした。輝く瞳と、希望に満ちた表情が、彼女とわたしを結びつけてくれました。同じ志を持つ仲間だと感じられたのです。

はじめてマズーンに会ってから、わたしは何度も彼女のことを思い出しました。しばらく連絡が取れなくなったあとに再会を果たしたとき、マズーンと家族といっしょにアズラクのそばの難民キャンプに移動していました。そのとき、わたしはある部屋に通されて、何人かの女の子たちと面会しました。まだ幼い子のひとりがこういいました。「マララ、あなたはすばらしい活動をしているけど、わたしの生活を変えてくれたのはマズーンなの」わたしがにっこりすると、女の子は続けました。「わたしは結婚させられるところだった。でもマズーンが会いにきて、教育を受けなさいと説得してくれたの。夢を追う手助けをしてくれたのよ」

人々はマズーンのことを〝シリアのマララ〟と呼びはじめていました。でも、それはちがいます。彼女はシリアのマズーンなのです。

――マララ

ある救援隊員が、わたしに会いたがっている人がいるよ、と教えてくれた。教育を受ける権利を求めて闘っている女性だという。そのためにひどい怪我を負って、それでも生還したという女性。

それがマララのことだとわかったとき、わたしは興奮を抑えきれなかった。

マララのことを知ったのは、わたしがまだシリアに住んでいたころ。彼女こそ本物の活動家だ。自らの経験を通して、世界中の女の子のために大きな変化を起こそうとしているのだ。

マララには弟がふたりいることや、お父さんが学校の先生だということも知っていた。わたしとの共通点がいろいろある。それに、めざすものも同じだ。わたしは学校が大好きで、将来の夢について考えるのも大好きだ。

でも、二〇一一年に内戦がはじまると、すべてが変わった。安全も平和もなくなった。戦闘はとても激しくなり、毎日、どこかが爆撃されたし、街に銃声が鳴りひびいた。学校は閉鎖され、わたしたちは敵に包囲された状態で二年間を過ごした。そしてとうとう、愛する祖国を捨てるという悲しい決断を、父が下した。

父はこういった。「難民キャンプで暮らすことになっても、いまの生活よりもましなはずだ」難民キャンプのことなんて、わたしはなにも知らなかった。けど、ほかにどうすることもできない。祖国を離れたくはなかった。わたしの知っている唯一の我が家なのだ。それでも、いま決断しないとすべてが終わってしまうということを、十三歳のわたしでも理解することができた。

生きるためには逃げるしかない。そう決めたほかの人々とともに、わたしたちは車で国境付近まで行き、そこからは夜通し歩いた。なにが待っているのかもわからないまま、国境を越えてヨルダンに入った。やっとのことでザータリ難民キャンプに着いたときは、心からほっとしたものだ。三・六メートル四方のテントが仮の我が家になった。両親と弟たちと親戚とわたし、合わせて八人の住まいだ。とても狭いけど、家族だけで暮らせるのがありがたかった。キャンプのなかには、別の家族と同じテントで暮らさなければならない人たちもいた。

マットレスが数枚あるほかに、家具はなにもないし、電気もない。遠くまで水くみにいかなきゃならない。それを飲み水にしたり、料理に使ったり、体を洗うのに使ったりするのだ。でも、わたしにとっては、そんなことより学校のことのほうが大問題だった。わたしはその年、九年生になるはずだった。勉強をやめたら大学に行けなくなる。将来のチャンスを逃してしまう。

だから、キャンプに学校があると知ったときは、ほっとしたものだ。学校に行けば友だちもできるだろう。学校に通うということは、毎日行く場所があるということ。すべてが不安定な難民キャンプという場所で暮らしていても、いろんなことを学んで世界中を旅したいという夢を追いかけることができる。ただ、初日に教室に入ったときはすごく驚いた。生徒がほとんどいなかったのだ。どういうことなんだろう。

ある日、わたしはレクリエーション・センターに行ってみた。人々がゲームをしたり、小さな書棚から本を借りたりするところだ。そこに、わたしと同い年くらいの女の子のグループがいた。わたしは近づいていって声をかけた。「あなたたち、どうして学校に行かないの？」

女の子たちは笑った。「学校？　なんで行かなきゃならないの？」そして女の子たちは、口々にいいはじめた。女の子はどうせ結婚するんだからといつも両親にいわれている、と。両親にとって、結婚こそ娘の幸せというわけだ。

それはまちがっている。若いうちに結婚させられた女の子は、貧困の連鎖から抜け出すことができない。

どうにかしなければ、と思った。

わたしはキャンプ中のテントをまわって、人々に話しかけた。

大きな障害がもうひとつあることがわかった。多くの人々は、難民キャンプでの暮らしは一時的なものだと考えている。わずかな期間にすぎないのだから、シリアに戻ってから教育を受ければいい、と思っているのだ。気持ちはわかる。この新しい生活にどんなに慣れても、毎朝目を覚ますたび、不安で胸がいっぱいになる。でも、不安に打ち勝つためには、前に進むしかない。じっとしたまま、現実から目を背けているなんてことは、わたしにはできない。ほかの人たちがそんなふうに暮らしているのをみて、放っておくこともできなかった。

わたしは何度も訴えた。「いつシリアに帰れるか、わからないでしょ？　何年もここで暮らすことになるかもしれないのよ」

実際、あのときの女の子の多くはいまもザータリキャンプにいて、〝仮の〟暮らしを続けている。内戦はひどくなる一方で、希望をなくしてしまった人もたくさんいる。

ひとりの女の子のことが記憶に残っている。四十代の男性と結婚させられそうになっている、といっていた。十七歳の女の子が、自分の父親と同年代の男性と結婚する。家族がそれを望んでいるというのだ。本人はそのことをどう思っているのか、きいてみた。すると彼女は肩をすくめてこういった。「だって、ほかにどうしろっていうの？」

その答えをきいて、わたしはまだチャンスがあると思った。「家族があなたのことをほんとうに愛しているなら、そんな人と結婚しろなんていわないわ。お父さんにいってごらんなさい。『わたしを守りたいなら、学校に行かせて』って」

何日かたって彼女をみかけた。彼女はわたしに駆けよってきて、こういった。「わたし、結婚しなくてもよくなった！　学校に行くわ」

わたしはとてもうれしくて、彼女の両手を握りしめた。「わたしたちが中心になって、波を起こしていきましょう。わたしたちが学校に行けば、ほかの子たちも学校に行くかも」

彼女はわたしの手を握りかえして、にっこり笑った。わたしは希望の光をみたように思った。

ナジラ

Najla

何千人もの人々が、同じように苦しんでいる

イラク, シンジャル→イラク, ドフク

ヤジディ教徒は少数派で、総数は一〇〇万人にも届きません。大多数はイラク北部やトルコ、シリアの一部にいますが、彼らが助けを求める声は、いまでは世界中からきこえてきます。わたしはヤジディの女の子たちのことをニュースで知り、イラクのドフクで何人かと会いました。ISISから解放された子たちです。ほとんどの子は固く口を閉ざしていました。恐ろしい経験がひどいトラウマになっていたのでしょう。この先、その苦しみから逃れられるときがくるかどうかもわかりません。でも、ナジラの表情は希望に満ちていました。

ナジラは自力で逃げ出してきたそうです。話をきいているうち、ナジラはそういうことのできる子だと思いました。十四歳のとき、もう学校に行くなと家族にいわれたとのこと。将来は主婦になってほしいから。ヤジディの女の子はたいてい、結婚して主婦になります。でもナジラは反抗して家出をし、シンジャル山脈で五日間過ごすことで意地をみせました。家に帰ると、父親はすごく怒っていて、一年間口をきいてくれなかったそうですが、結局は学校には行かせてくれたそうです。
これが、ナジラが最初に話してくれた物語です。ナジラがいい意味で頑固なだけでなく、とても粘り強い子だということが、この話からよくわかりました。ブリーチした髪の先だけをターコイズブルーに染めたナジラは、みんなのなかでひときわ目立っていました。あの日、ナジラはわたしに希望について尋ねてきました。希望をなくしたときはどうしたらいいんでしょうか、と。まだ若いのに、ナジラはさまざまな苦しみを目撃し、経験してきました。ナジラなら、この先どんなときでも希望をみつけることができるでしょう。だから、わたしは二〇一七年のガール・パワー・トリップで出会ったナジラを、その年の国連総会に招待しました（招待したのはふたりで、ひとりがナジラ、もうひとりはマリー・クレールです）。「わたしみたいな経験を、もうほかのだれにもしてほしくない」ナジラは、会場を埋めた世界のリーダーたちに向けていいました。「わたしみたいに強く闘える子ばかりじゃないから」

——マララ

幼いころ、テロリストがあらわれる前から、わたしは自分がどこか人とちがうと思っていた。わたしはイラクのシンジャルに住む大家族に生まれた。シンジャルは、イラク北部にある多文化都市モースルのそばの村だ。わたしにはきょうだいがたくさんいた。弟が五人と兄が三人、姉が四人。うちはヤジディ教徒だ。ヤジディ教は信者が少なくて、イスラム教ともキリスト教ともちがう。

八歳のとき、近所の子どもたちが学校に行くのに、自分が行っていないことに気がついたので、両親に尋ねた。「どうしてわたしはみんなみたいに学校に行かないの？」父も母も、女の子に教育を与えるつもりはなかったようだ。でもいちばん上の兄さんが父にかけあって、わたしと、いちばん上の姉さんが学校に行けるようにしてくれた。

はじめて授業を受けた日、目からうろこが落ちたような気分だった。学校は広い世界への入り口だったのだ。その後、小学校を卒業したわたしに、父は上の学校には行くなといった。

「もうじゅうぶんだ」

じゅうぶんなんかじゃない、とわたしは思った。

父はわたしを、ほかのヤジディの女の子たちみたいに、主婦にしたいのだ。それは父ひとりの意見じゃない。ヤジディ教徒全体の意見でもある。そういうことをみんなで決めるのが通例だった。

わたしは十四歳で、勉強ができた。もっと学校に行きたい。だからわたしは家出をした。それ以外の方法を思いつかなかった。シンジャル山脈の修道院で五日間過ごした。ずっとそこにいるわけにはいかない、ということはわかっていた。家に帰ると、父はかんかんに怒っていたし、母も眉をひそめていた。けどわたしは、母が内心ではわたしに感心していることに気づいていた。姉さんたちもそうだ。どうしても手に入れたいもののために闘っているわたしをみて、みんな、喜んでいたのだ。

父はわたしにひとことも口をきいてくれない。そんな状況で一年間暮らすのはつらかった。けど、だいじょうぶよ、と自分にいいきかせた。時間はこれからたっぷりあるんだから、と。やがて、いちばん上のイスマット兄さんの取りなしで、父は折れてくれた。わたしはまた学校に行けるようになった。

中学校の一年目は無事に終えることができた。でも、二〇一二年、兵士だった姉の夫が殺された。それからまもなく、近所に住んでいるわたしの友だちが焼身自殺した。恋人ができたことをきょうだいに知られ、さらに父親にも知られたせいだ。なにをされるかわからなくて恐ろしい、自分で死ぬしかない、といっていた。

火だるまになった友だちが家から転がりでてくるのをみて、わたしの心のなかでなにかがぷつんと切れた。勉強にも集中できなくなってしまった。

二〇一三年、また学校に通いはじめると、気持ちが落ち着いてくるのを感じた。中学校をきちんと卒業しよう。そして大学まで行こう、と決めた。

ところが、二〇一四年の八月、ISISのせいでわたしの夢は壊された。

ダーシュの噂はきいていた。ダーシュとは、ISISの別名だ。女性を誘拐して、ひどいことをするという。年齢は関係ない。子どもでも年寄りでもおかまいなしなのだ。とくに狙われるのはヤジディ教徒。やつらはあちこちの村を襲い、目につくものすべてを破壊するという。女の子や女性をさらい、男性は殺す。男なら、子どもも殺してしまう。生き埋めにすることもある。皆殺しというやつだ。

そのISISがモースルを支配したときいた。モースルからシンジャルまで来るのには二時間ほどかかる。やつらがシンジャルまで来ることはないだろう――わたしたちはそう思っていたけど、ある日の夜、テレビをみていたとき、あたりが真っ暗になった。村全体が停電したのだ。よくないことが起こりそうな気がした。

多くの人々は、すでに村から逃げていた。ISISが来るかもしれないと思ったからだ。わたしたちも、それを考えなかったわけじゃない。ドフクまで行こうとしたけど、道路がＩＳＩＳの手に落ちていて、村を出るに出られなかったのだ。

その夜、わたしたちは屋根で眠った。きょうだいのうちふたりが寝ずの番をすることになった。遠くに光がみえたとき、ふたりはみんなを起こしてくれた。車や戦車が列になってこっちに向かってきていた。闇を照らすヘッドライトがみえる。エンジン音がきこえる。靴もはかずに車へと走った。荷物はあらかじめ積んであった。一台の車に一八人が乗りこんでいるとき、爆音や銃声や闘いの声が近づいてきた。

ヘッドライトをつけず、シンジャル山脈の山道を登った。前に、わたしが家出をしたときに来たのと同じ山だ。真っ暗で道がわからず、父が困っていたので、姉の膝に座ったわたしが道案内をした。別の姉が父の隣に座って、過呼吸を起こしていた。恐怖でものもいえない状態になっていた。

山で八日間過ごした。村から逃げたのはわたしたちだけじゃない。何千人もの人々が、わたしたちと同じように逃げていた。死んだふりをしたと話してくれた人もいた。愛する家族の死体に混じって身を横たえ、危険をやりすごしたという。わたしたちは家族みんなが無事に逃げることができて、ラッキーだった。その後、家には二度と戻らなかった。

わたしたちはドフクに移動した。クルド人の住む地域で、イスマット兄さんの働くホテルがある。ただ、ホテルに何日も滞在するお金はないので、建築中のビルで暮らすことにした。窓もないし、部屋の壁もコンクリートがむき出しの、家とは呼べないようなところだった。ほかの一〇〇くらいの家族といっしょに、六ヵ月か七ヵ月のあいだ、そこで暮らした。あの襲撃はこれまでで最大規模のヤジディ教徒虐殺事件だったということがわかった。よく家族全員で無事に逃れられたものだと思う。家族をほとんど失ってしまった人もいた。また、ＩＳＩＳの兵士たちが女性をさらっていった話もきいた。五歳くらいの女の子も連れ去られてしまったという。いろんな話をきけばきくほど、わたしはラッキーだったんだと実感したものだ。家族も自分も生きていられてよかった。

その後まもなく、別のラッキーなことが起こった。マララに会えた。

マララのことは本を読んで知っていたので、会えるとわかったときは信じられなかった。わたしは自分が経験したことや、同じビルで暮らして行く子どもたちに希望を持ってもらうため、読み書きを教えていることを話した。将来の夢はなに、ときかれたので、大学に行くこと、と答えた。でもほんとうに行けるかどうかわからなかったので、マララにアドバイスを求めた。

「わたしは芯の強い女の子だと思うし、自分に自信もあるけど、いつか希望を失ったら、そのときはどうしたらいいの？　どうやって力強さを取り戻せばいいの？」

マララははにかむように微笑《ほほえ》んで、こう答えてくれた。「希望を失ったら、自分自身をみつめてごらんなさい。自分がどれだけのことをなしとげてきたか、わかるわ。自分の強さがよくわかるはずよ」

マリア

María

心のなかの宝物は、だれにも奪われない

●

コロンビア，イスクアンデ→コロンビア，カリ

二〇一七年の夏、わたしはメキシコに行って、南アメリカ出身の女の子たちに会いました。組織暴力のために故郷を追われた子たちです。その旅で、わたしは新しい言葉を覚えました。ルーチャドラ――スペイン語で〝女戦士〟。栄光をめざして闘う女戦士もいるけど、わたしが出会った女の子たちは、教育やよりよい生活のために闘っていました。

マリアはそのうちのひとり。四十年以上前から続いているコロンビア内戦のために住む家を失った、七二〇〇万人のうちのひとりでもあります。

つらい思いをするたび、マリアは創作活動に打ちこみます。十六歳のときはドキュメンタリーフィルムを作りました。家を追われた人々の暮らしがどんなものか、前を向いて進むことがどんなに大変か、世の中の人々にわかってもらいたかったから――マリアはそういいました。

あの日、わたしと別れる前に、マリアはダンスをみせてくれました。短いダンスだったけど、みんなが手をたたいて歓声をあげました。そのときのマリアの笑顔には、喜びだけでなく、どんなときも前に進もうとする決意と強さが感じられました。

――マララ

父に触れることができたらいいのに。目を閉じても、父の姿がなかなかみえてこないこともある。わたしのなかにある父の記憶は、もやがかかったようにぼんやりしている。

わたしはコロンビアの海辺の村で育った。あたりはのどかな田園地帯。父は農家をやっていた。果物が食べたくなれば、庭の木になっているマンゴーをもいでくればよかった。マンゴーのほかにも、オレンジや、コロンビア原産の果物チョンタドゥーロもあった。ニワトリやブタもいたし、母の菜園にはいろんな野菜もあった。遊び場もあって、好きなだけ走りまわることができた。〝我が家〟という言葉をきいてわたしが思いうかべるのはそんな場所だ。

でも、わたしが四歳のとき、うちの家族はそこを離れた。四歳といえば、物心がつくかつかないか。わたしの頭のなかにある〝我が家〟のイメージは、母や兄や姉から話をきいて作りあげられたものだ。本物の記憶かもしれないけど、後付けの記憶かもしれない。

父親の記憶もそれと同じ。母は、わたしは父親似だという。丸顔で、ほっぺたがふっくらしているところが似ているそうだ。

父の顔はそんなにはっきり覚えていないけど、農場を離れた日のことはよく覚えている。そのとき十八歳だった姉がいった。「どうして出ていかなきゃならないの?」母が答えた。「仕事を探さなきゃならないからよ」夕方だった。まわりに父の姿はなかった。母はなんだか焦っているようだった。姉がさらにきく。「ねえ、お父さんは? どこに行ったの?」母が答えた。「お父さんは残らなきゃならないの。あとで合流できるわ」その日の夜、母と、わたしを含む五人の子どもたちは、小さな舟を借りて川を渡った。母に急《せ》かされるのがなんだか怖かった。当時のわたしにはわからなかったけど、あれはいわゆる夜逃げだったのだ。

コロンビア第二の都市であるカリに、やっとのことでたどりついたとき、母はわたしに白いテディベアをくれた。「お父さんからよ」母の顔は無表情だった。

母はそのとき黙っていたけど、父は前日、無惨《むざん》に殺されていた。次は自分たちが狙われる——母はそう思って逃げたのだ。それから四年間、母はその秘密をわたしたちのだれにも明かさなかった。

カリに着いたのはいいけど、行き先なんかどこにもなかった。結局行き着いたのは、ビニールシートやごみを寄せ集めたテントの並ぶ、一種のキャンプみたいなところだった。政府が作った難民キャンプのようなものではなく、人々が集まってきていつのまにかできあがった集落だ。全国の治安が悪化したせいで、そういう場所があちこちに生まれつつあった。

そんなところで暮らすのはいやだった。日常のなんでもないこと、たとえば歯磨きや洗濯程度のことでも、思うようにできない。八〇〇人が暮らす場所に、水の出る蛇口がふたつしかないからだ。水や食べ物を手に入れるために、母は長い列に並ばなければならなかった。

わたしは母にきいた。「お母さん、どうしていちいち列に並ばなきゃならないの？　マンゴーの木はどこに行ったの？」

どうして家に帰れないのか、わたしには理解できなかった。わたしたちにはもう〝我が家〟なんてないということも、わかっていなかった。

状況が変わったのよ、と母はいった。食べ物は買わなきゃ手に入らないし、そのためにはお金が必要だから、母はあちこちのテントをまわっては、洗濯の仕事をもらう毎日だった。

四歳か五歳だったわたしでも、貧困の苦しみは常に感じていた。貧困には犯罪がついてまわるということも理解していた。キャンプを取り仕切っているのはギャングだった。銃声がきこえることなど日常茶飯事で、流れ弾に当たる心配をいつもしていなければならない。わたしたちはほかのコロンビア人より肌が黒かったし、しゃべる言葉も地方の方言だったので、よけいに苦労が多かった。まわりの人たちになじめず、ひどくいじめられた。動物以下の扱いをされていた。

住む家がないとはどういうことか、わたしは幼いころからわかっていたけど、それをいいあらわす言葉を知らなかった。七歳のとき、そのキャンプを出た。そのころ母がある言葉を口にした。「わたしたちは行き場をなくしたの」はじめてきいた言葉だったけど、意味はよくわかった。

母は、援助団体の人たちと話したときにその言葉を知ったそうだ。その人たちのおかげで、わたしたちは家に住むことができるようになった。テントよりはだいぶましだったけど、ひどいぼろ家で、雨が降るたび、床に水たまりができる。

文句なんていえなかった。

母はその人たちに紹介されて、一種の互助団体に入会した。自分が経験してきたことを語り合うグループだという。母の紹介で、わたしを含む子どもたちも、そのグループの演劇クラブに入って、毎週末に活動するようになった。

クラブのメンバーそれぞれの経験を演劇にして、みんなで演じた。みんな、コロンビアのいろんな場所からカリにやってきた人たちだ。生まれた土地も生い立ちもそれぞれちがうけど、生き抜くために我が家を捨てたという点は共通している。だから、ひとりひとりが自分のストーリーを語ることで、コロンビアの国内避難民の全貌が浮かびあがってきた。作品のタイトルは『心のなかの宝物は、だれにも奪われない』に決まった。

雨漏りのする家に住んだあと、わたしたちは八回も引っ越しを重ねた。でも、どの家も〝我が家〟と呼ぶ気にはなれなかった。わたしにとっての〝我が家〟は、いまも頭のなかにあるあの家――人生がすっかり変わってしまう前に住んでいた家なのだ。政府は内戦が終わったと宣言したけど、あの家があったところはいまもゲリラに占拠された危険な地域とみなされている。それに、わたしたちがあの土地を出てから長い年月が過ぎてしまった。わたしたちはカリでもよそ者だけど、あの土地に戻ってもよそ者だ。

わたしの夢の家は、マンゴーの木のある家。静かで、緑に囲まれて、平和な家。その夢だけは、だれにも奪われることがない。

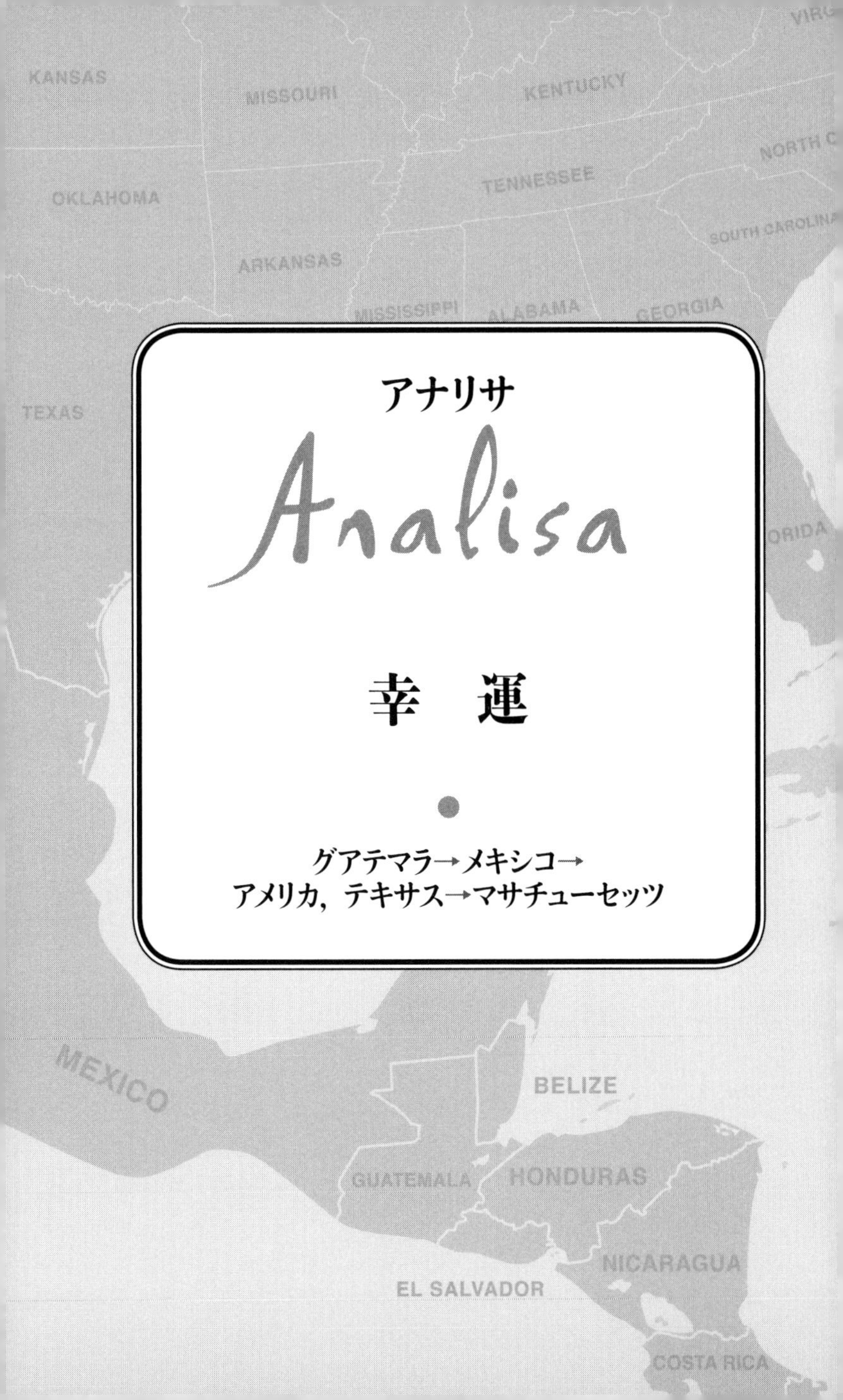

アナリサ

Analisa

幸　運

●

グアテマラ→メキシコ→
アメリカ，テキサス→マサチューセッツ

世界中の女性や子どもたちが戦争やテロから逃れようとする一方で、コミュニティのなかに、あるいは家庭のなかに、暴力や抑圧が存在する地域もあります。アナリサはそのような境遇から逃れるため、大きな賭けに出ました。よりよい、そしてより安全な生活を手に入れたかったのです。

先人たちと同じように、アナリサは、グアテマラを脱出することは旅のはじまりにすぎないと気がつきました。その旅はとても危険で、途中で命を落とした人もたくさんいます。それでも、中央アメリカ――とくにグアテマラ、エルサルバドル、ホンデュラス――を脱出する人の数は急激に増えているのが現状。国連高等弁務官（UNHCR）によると、その地域からの亡命者は、二〇一七年の一年間で三〇万人近くに上るといいます。アナリサもそのひとりですが、アナリサの前にも同じ決断をした人がたくさんいたし、アナリサのあとに続く人もたくさんいるでしょう。一歩踏みだしたらあとには戻れない、アナリサはそんな旅に出ました。

――マララ

あたりは真っ暗。

わたしたちがめざしていたのは、唯一残された安全な家。だれかの情報によると、移民局の手入れがゆうべあったばかりとのこと。緊張で胸が苦しいほどだった。

「移民局の係官が来たら、とにかく逃げろ。全速力で走れ」ガイドが小声でいった。これまでずっと、わたしたちに怒号を飛ばしていた人物だ。「急げ！」「しゃべるな！」「じっとしてろ！」と、わたしたちを動物みたいに扱っていた。

そのガイドが小声でしゃべっている。移民局につかまったら、刑務所に入れられて、そのあとは強制送還される。つかまらなくても、おれとはぐれたら道に迷って、アメリカには行けなくなるぞ、と。

わたしはパニックに陥りかけていた。だからといって、グアテマラに帰る方法もわからない。わたしの決断はまちがいだったんだろうか――そんなふうに思いはじめていた。

四歳まで、わたしは母といっしょに暮らしていた。グアテマラの小さな町マザテナンゴにある、部屋がひとつきりで電気もない家だった。母は朝から晩まで市場で花売りをしていて、帰りはいつも深夜だったし、帰ってこない日もあった。いちばん上の姉がわたしの面倒をみてくれたし、昼間は二番目の姉が学校に連れていってくれたから、ひとりで留守番しなくてもよかった。家には食べものがなくて、わたしはいつもおなかをすかせていたのを覚えている。

そんなある日、母が死んだ。父には新しい奥さんがいたけど、お葬式にはきてくれて、わたしを引きとってくれた。姉はまだ若くてわたしをまかせられないと思ったし、姉たちの父親にまかせたら、血のつながらないわたしがいじめられるかもしれないと思ったそうだ。

父の家で、わたしは五歳の誕生日を迎えた。父はケーキを焼いてくれた。わたしにとっては人生はじめてのケーキだった。

父は陽気で愛情にあふれた人だけど、厳しい人でもあった。学校が終わったら、わたしはまっすぐ市場に行かなければならない。縫いもののお店があって、そこで宿題をするのだ。きれいな字を書けるようになりなさい、といつもいわれた。わたしの宿題をみながら、父はよくこんなふうにわたしをからかった。「この数字はどうした？　眠たくなっちゃったのか？」文字や数字はまっすぐ書きなさい、という意味だ。

父に連れられて教会にも通いはじめた。再臨派の洗礼も受けた。母とちがって、父はわたしをひとりで家に残そうとはしなかった。オートバイを持っていたので、わたしをそれに乗せてどこにでも連れていってくれた。オートバイに乗っていると眠くなってしまうわたしを心配した父は、黄色いストラップを買って、わたしの体を父の腰に結びつけてくれた。

父はわたしの命綱だった。


わたしが十五歳になったばかりのとき、父が大怪我をした。階段からうしろむきに落ちたのだ。

その日はちょうど、腹違いの兄のオスカーがうちに来ていた。わたしはオスカーとはほとんど初対面だったし、あまり好きにはなれなかった。父は病院には行かないといった。だいじょうぶだから、といっていたけど、そのうちしゃべりかたやしぐさがおかしくなったので、オスカーが病院に連れていった。

父は家には帰れなかった。

父が死んだあと、継母《ままはは》は悲しみにくれて、ふさぎこんでしまった。そしてオスカーが越してきた。オスカーは店を取りしきり、わたしにもあれこれ指図するようになった。わたしは家から出ることもできず、店の仕事もさせてもらえなくなった。わたしには夢があったのに。大学まで行って、医者になりたい。父の店を手伝っていたときは、毎週日曜日、一週間ぶんのお給料として一〇ケツァルもらっていた。なんでも好きなものを買いなさいといわれていたけど、わたしはそれをベッドの下に隠していた。たくさん貯めて、いざというときに使いたかった。

　ところがある日、お金がオスカーにみつかってしまった。オスカーはわたしをどなりつけた。「どこで手に入れた⁉」わたしは前から貯めていたものだと説明したけど、オスカーは店から盗んだお金だと決めつけた。

　お金を取られたあと、自分が八方塞がりの状況にあると気がついた。オスカーはわたしの世話をしようなんて思ってないし、もともと体の弱かった継母は病気になってしまった。父の死がよほどショックだったんだろう。

　どうしたらいいだろう。わたしは必死に考えた。オスカーのいる家には住んでいられないけど、かといって行くところなんかない。

　そんなとき、異父兄のエルネストがアメリカから電話をくれた。わたしの母の実子だけど、わたしはまったく覚えていない。十五歳のときにグアテマラを離れたからだ。わたしも同じ十五歳。生きていたころの母は、エルネストの世話もろくにしていなかったそうだ。だからエルネストは自立することを決めた。いちばん上の姉から父の訃報をきいたとのこと。姉はホームレスでお金がなく、わたしの面倒をみることができない。

　エルネストがいった。「こっちに来て、いっしょに住まないか？」

　わたしは電話を切って、考えこんだ。オスカーとはいっしょにいられないし、病気の継母も頼りにできない。でも、エルネストのこともほとんど知らないのだ。片親だけが共通という点はオスカーと同じ。それだけじゃなにもわからない。わたしは神様に導きを求めることにした。

「お考えを知らせてください」
長いこと雨が降っていなかった。だから、こんなふうに祈った。「土曜日に雨が降ったら、ゴーサインだと受け取ります。わたしはアメリカに行くべきで、神様が守ってくださると。雨が降らなかったら、わたしは行きません。リスクは避けろという意味だと受け取ります」
土曜日、何週間かぶりに雨が降った。

次にエルネストが電話をくれたとき、わたしはいつでも行くつもりだと答えた。継母がそれをきいていたらしい。わたしが電話を切ると、泣きはじめた。だいじょうぶ、心配しないで、と継母を説得した。雨のことを話した。神様を信じる、と。

友だちにも、アメリカに行くから学校はやめると話した。アメリカなんかに行ったらわたしたちのことを忘れちゃうんじゃないの、とからかわれた。先生に話したときは笑われた。冗談かなにかだと思ったらしい。わたしは悲しくなってしまった。

火曜日からは学校に行くのをやめて、父の店で二日間働いた。木曜日、アメリカに行くための新しい靴を買った。金曜日、友だちがみんなでうちに訪ねてきた。ようやく、これがほんとうの話だとみんなが思ってくれたのだ。ひとりひとりと抱きあってさよならをいいながら、必死に涙をこらえた。みんな、わたしが本気だとわかってくれた。わたしにギターを教えてくれていた友だちがギターを持ってきて、お別れの歌を歌ってくれた。それからみんなでいっしょにそれを歌った。

継母にお別れをいって、抱きあった。継母は泣いて、いつもわたしの無事を祈っているわ、といってくれた。そのときにはかなり病気が悪くなっていて、わたしは自分のことより継母のことが心配だった。

その日の夜、オスカーに、おまえの世話なんてもううんざりだといわれた。オスカーはどうしていつもわたしにきつく当たるんだろう。でももういい。そのおかげで迷いをふっきることができた。

翌日、わたしはバスに乗ってペテンに移動した。メキシコとの国境に接する地域だ。そして秘密の家で一晩過ごした。同じ境遇の仲間五人がいっしょだった。大柄な男性がふたり、エルサルバドルの女性がひとり、わたしと同年代の若者がふたり。どうして国を出るのか、個々の事情はだれも話さなかったけど、気持ちは同じだとわかっていた。みんな、祖国を出たくて出るんじゃない。そうするしかないだけなのだ。

車で国境に近づいた。あとは川を越えるだけ。川の半分まではグアテマラだけど、半分からむこうはメキシコのチアパスだ。

小さないかだがひとつあった。亡命の手助けをしてくれた男たちは、手に銃を持っていた。

「川には敵がいるからな」という。どういう意味かわかったのは、川岸からすうっと水に入るワニの姿をみたときだ。わたしは生まれてはじめて本気で怖くなった。そこは深いジャングルのなかで、頭上の木々からはサルがぶらさがり、川のなかには大きな岩がごろごろしているのでまっすぐ進むこともできない。雨が降りはじめた。前方には渦巻きがみえる。激しい流れのせいでいかだが揺れた。みんなが悲鳴をあげはじめた。いかだが岩に当たったり渦巻きに飲まれたりしたら、沈んでしまう。わたしは目を閉じて、対岸に着くまでの一時間、恐ろしいことが起きませんようにと願った。

いかだがメキシコ側の岸に着いたとき、ためていた息を大きく吐いた。

メキシコに入ってからは、中央アメリカのあちこちからやってきた二五人の人々といっしょにトラックに乗った。移民局の手入れが前の晩にあったばかりだときいたので、とくに注意深く行動した。でこぼこの道を何時間も車で走ったあとは、暗闇のなか、山道を歩いた。やがて工事中の建物にたどりつくと、そこで休んだ。へとへとに疲れていたので、ぐっすり眠った。だれかが起こしてくれなかったら、そのまま置いていかれたかもしれない。

小型のバンに乗って移動したあと、次の車が来る場所まで走った。車がやってきたときは、まるでカオスだった。車が完全に止まらないうちから、「早く乗れ！　早く！」と大声で急かされながら、一〇〇人以上の人々が乗りこむのだ。小さな子どもが人形みたいに投げこまれるのをみた。おなかの大きい女性も手荒く押しこまれて、悲鳴をあげていた。車は牛を運搬するためのトラックだったし、わたしたちはまさに動物みたいに扱われた。たくさんの人が乗せられたので、知らない人たちと押し合いながら二日間を過ごした。

次の休憩場所でバックパックをあけた。シャワーが浴びたい。着替えがしたい。わたしが持ってきたのはシャツとズボンを二着ずつと下着を何枚か。継母が小さなタオルを入れてくれていたのに気がついた。

タオルがあってほんとうによかった。アメリカには一週間くらいでたどりつけると思っていたけど、その村にまる一ヵ月滞在することになったからだ。わたしたちが乗っているのと同じようなトラックが近くで事故を起こしたせいだ。たくさんの難民が命を落としたという。移民局がそこらじゅうで目を光らせているとのことで、わたしたちは迂闊《うかつ》に動けなくなってしまった。

わたしをかくまってくれた家の人たちはとても優しかった。家の主人はイグアナのタトゥーをしていたので、イグアナと呼ばれていた。お世話になったのは、わたしを入れて五人。その家には男の子がいて、わたしたちに映画をみせてくれたり、サッカーで遊んだりしてくれた。この家を出るときには寂しい思いがしたほどだ。

旅の終盤になると、わたしは同じことを自分に問いかけつづけた。わたしがした選択は、ほんとうに正しかったの？

テキサス州に入る手前でわたしたちを出迎えた男は、「静かにしていろ」と繰りかえしいいつづけたけど、かえってみんなを不安にさせるだけだった。荷物は全部置いていけ、ともいわれた。

わたしは深呼吸をして、神様にお祈りをした。すべてうまくいきますように。そしていかだに乗った。アメリカまで、あとほんの少しだ。でも、この川を渡るのがいちばん危険だと、何度もきかされていた。たくさんの人がここでつかまって、アメリカに入ることもできず強制送還されるという。

いかだが対岸に着いても、ほっとしている暇はなかった。ガイドに全速力で走れといわれた。わたしのグループには、同年代の子どもがふたりと若い母親がひとり、三歳の子ども、そして高齢の女性がいた。グループでまとまって行動することになった。

橋のそばに小さな明かりがあるから、それをめざして走れ、といわれた。でも、小さな光はあちこちにみえる。わたしたちは二時間走りつづけた。高齢の女性は何度も足を止めて、「もう無理」といった。

わたしも限界だった。もうあきらめようか——そう思ったとき、前方に道路がみえた。高齢の女性はもう歩くこともつらそうな状態だった。もうすぐ道路に着くというとき、警察の車が近づいてきた。制服の警官が何人も降りてきて、「道路に膝をつけ」といった。わたしたちはベルトと靴ひもをはずされて、巨大な倉庫に連れていかれた。コンクリートの床に座らされた。

警官のひとりがスペイン語でどなりつづけていた。「どういうつもりだ？　痛い思いをわざわざしにきたのか？」

そこにいる警官のうち、スペイン語を話せるのはそのひとりだけだった。

ものすごく寒い部屋に連れていかれた。その部屋はイエレラと呼ばれているらしい。〝冷凍室〟という意味のスペイン語だ。アルミのブランケットを渡されて一列に並び、数を数えられ、取り調べを受けた。

疲れていたのでうとうとしてしまったけど、そのたびに肩を押されて起こされた。順番に指紋を採られ、体重を量られ、写真を撮られた。

アメリカに身元引受人はいるか、ときかれたので、エルネストのことを話した。電話番号をきかれた。番号は覚えていたけど、ズボンの布にも念のため書きこんであった。

別の部屋に連れていかれて、電話を渡された。

「アナリサ?」エルネストの声がきこえた。「だいじょうぶか?」

「元気よ、いまは疲れてるけど」

ゆっくりおしゃべりするわけにはいかないのでいえなかったけど、エルネストの声をきいただけで、少しほっとしていた。アメリカまで来ることができたんだ!

その夜のうちに、わたしは車に乗せられ、ペレラというところに連れていかれた。〝犬の収容所〟という意味だ。〝冷凍室〟もそうだけど、ほんとうの名前はなんていうんだろう。ペレラは巨大な倉庫で、チェーンのフェンスでいくつにも仕切られている。たしかに犬の収容所みたいだ。

同じ区画には同年代の女の子たちがいた。男女は別々にされるようだ。不安をまぎらすために、わたしたちはお互いの旅について語り合った。「あなたもあそこで国境を越えたの？　なにがいちばん怖かった？　親切な人はいた？」

エルサルバドル出身の女の子が、仲間がいたけどここまで来ることはできなかった、といった。

「なにがあったの？」わたしはきいた。

ふたりは列車で移動したという。すごく危険な方法だときいている。駅を出たばかりとか、途中でスピードを落としたときなどに、列車に飛びのらなければならないのだ。その子の友だちは、列車に飛びのるときに脚をひどく切ってしまった。大量に出血して、列車で死んでしまったという。だれも、どうしていいかわからなかった。あわてただれかが、走っている列車から死体を投げすてたそうだ。

その子は、話しながら震えていた。そのときのことがいまもトラウマになっているようだ。それもそうだろう。わたしはあらためて、生きてここまでこられた幸運に感謝した。

その建物で二日間過ごしたと思う。断言できないのは、照明が明るすぎるのと窓がないので、昼と夜の区別がつかなかったからだ。

ほかの子たちとおしゃべりして時間をつぶした。あとどれくらいここにいると思う？　と問いかけても、だれにも答えられなかった。

泣いている子もいた。とくに小さな子はよく泣いていた。大きな子たちが落ち着かせようとしていたけど、この先どうなるかはだれにもわからなかった。

床に座ってみていると、何人かの女の子が腕や足首になにかをはめられていた。なんの意味があるのか、次はだれがそれをはめられるのか、わからない。だれも英語をしゃべれないし、係員たちはスペイン語を話さないので、なにをいっているか見当もつかないのだ。しぐさを観察したり、ただ想像したりするしかない。

冷凍室と犬の収容所で何日か過ごしたあと、ようやくシェルターに入ることができた。やはり同年代の女の子たちといっしょだった。そのころには、それが難民定住事務局が運営する子ども用のシェルターだとわかっていた。親といっしょでない子どもたちのための施設らしい。

はじめはいいところだと思った。ベッドもあるし、シャワーも使える。毎朝六時に笛の音で起こされて、軍隊みたいだと思ったけど、そんなことはかまわなかった。英語の授業があったり、夜は映画をみたりする。でもだんだん、いったいいつまでここにいなきゃいけないんだろうと思いはじめた。シェルターで出会った子のなかには、もう半年もここにいるという子や、一年以上という子もいた。

そのころ、エルネスト兄さんは、わたしがそこから出られるように手を尽くしてくれていた。六週間後、結果が出た。

わたしをみて、エルネスト兄さんはすごく喜んでくれた。「よくやったな！　よく生きていてくれたね！」でも、わたしはといえば、なにをどう喜べばいいのかわからなかった。まわりは知らないものばかり。エルネスト兄さんでさえ初対面も同然なのだ。実際は初対面ではないとしても、わたしは覚えていない。それに、アメリカに入国してからずっと、歓迎されているとはいいがたい環境で暮らしてきた。

でも、確かなことがひとつあった。これからなにが起ころうと、いままでの人生がどうであろうと、わたしはもうひとりじゃない。神様はいつもわたしを見守ってくれている。

グアテマラを出る前、わたしは神様に導きを求めた。すると雨が降った。そして今度は、新しい住まいのそばに教会がありますようにと祈った。父はもういないけど、わたしには信仰がある。

エルネスト兄さんの家は、再臨派の教会の裏にあった。わたしは空をみあげて心のなかでつぶやいた。神様、ありがとう。

マリー・クレール

Marie Claire

新しい始まり

●

コンゴ→ザンビア→
アメリカ，ペンシルベニア

ペンシルベニア州ランカスターの、どこにでもありそうな部屋で、マリー・クレールと会いました。難民と難民を受け入れるコミュニティを称賛するための年次集会に招待されたときのことです。ランカスターはしばしば、アメリカにおける難民の首都と呼ばれるそうです。わたしは二年ほど前にも同じ集会に招待されていましたが、参加できたのはこのときがはじめてでした。

わたしはサプライズのような形で参加して、スピーチをしました。そういうことはときどきあります。わたしが入っていく。みんなが驚く。すばらしい人々の前でわたしがスピーチをする。そんな流れです。

しかし、こういうイベントではいつもそうですが、わたしは自分の話より人々の話に興味をそそられます。あの日、わたしを囲む六人の少年少女が、それぞれの経験を語ってくれました。マリー・クレールのことが印象に残ったのは、彼女が話してくれたことではなく、彼女が話さなかったことのためです。とてもパワフルな女の子ですが、心に抱えた痛みが伝わってきました。目には涙が浮かんでいました。誇らしさの陰にトラウマがあるのがわかりました。自分の経験を語るマリー・クレールの姿は、いまもわたしの記憶にありありと残っています。

——マララ

母によくいわれた。「マリー・クレール、あなたの夢はなに？　夢はあきらめちゃだめよ！」

はじめていわれたのは、泣きながら学校から帰ってきたとき。クラスメートにいじめられたのだ。その前の年、わたしは家族といっしょにコンゴを逃れ、ザンビアにやってきた。コンゴとザンビアは言葉もちがうし、人の見た目もちがう。だからいつもからかわれたり、悪口をいわれたり、唾を吐きかけられたりした。

しょっちゅう母に頼みこんだものだ。「お願い！　コンゴに帰りたい！」

すると母は、泣いているわたしの頭をなでて、こういったものだ。「意地悪な子たちのことなんか、気にしちゃだめよ。マリー・クレール、夢を追いかけなさい！」

二〇一六年六月十六日の朝、わたしはその言葉を思いかえした。起きて真っ先に目に入ったのは、クローゼットのドアにかけられた赤い帽子とガウン。前の晩、あえてそこにかけておいたものだ。夢じゃないんだと自分にいいきかせるために。

父やきょうだいの声がキッチンからきこえる。朝食の食器を出す音がする。父は家じゅうに響くような大きな声で、誇らしげにしゃべっている。

わたしの夢が叶う、特別な日。うちの家族ではじめて、わたしは高校を卒業する。胸がいっぱいになったけど、喜びはすぐに消えてしまった。このことは母の夢でもあった。母がいたら、どんなに喜んでくれただろう。

コンゴを出たとき、わたしはまだ幼かった。正確な年齢はわからないけど、当時のしあわせな記憶はあまりない。せいぜい村の友だちといっしょに遊んだ記憶くらいだし、それもめったにないことだった。村はたいてい、ひどい暴力に支配されていたから。内戦は、わたしが生まれる前に始まった。わたしが知っているのはそれだけだし、思い出すのは走っていたことばかり。わたしが生まれてから四年間、うちの家族は茂みに隠れながら、危険から逃れる日々を送っていた。南へ――ザンビアにむかって――移動していたのをぼんやり覚えている。移動するのはいつも真夜中。昼間は茨の茂みに隠れて眠っていた。そうしないと、野生の動物に襲われるからだ。いつもおなかがすいて、疲れていた。まだ幼かったのに、国を脅《おびや》かしている武装集団につかまったら殺されるということはわかっていた。だから逃げていたのだ。

牧師たちの助けを借りて、ザンビアに行く舟に乗ることができた。コンゴの難民の多くはザンビアをめざしていた。UNHCRのデータによると、今日でも、四二五万人のコンゴ人が国内避難民になっているし、六〇万人以上がサハラ砂漠以南の国々に避難しているとのことだ。コンゴで起こっていたのは政府対反乱軍の内戦で、シリアやイエメンの内戦と似ている。コンゴ内戦は長年にわたるもので、いまも紛争状態は続いているけど、詳しいことはあまり知られていない。

わたしが知っているのは、うちの家族もそうした避難民であり、安全を求めて祖国を出なければならなかったということ。生きるためにはしかたがなかった。


ザンビアの人々は、コンゴからの難民を歓迎していない。わたしたちが道を歩いていれば罵声を浴びせてくる。「国に帰れ！　なんでここにいるんだ？」学校ではクラスメートがひどいことをいったり、石を投げてきたりする。「ザンビアはおまえの国じゃないぞ！」

たしかにそうだ。ザンビアはわたしたちの国じゃない。でも、ほかに暮らす場所がない。

両親が、ひと部屋しかない小さな家をみつけた。避難民キャンプで暮らしていたような、ビニールシートでできたテントよりはいい。ひどいぼろ家だし、わたしと弟ふたりと姉ふたりと両親が、そのなかで眠らなきゃならないけど、それでもよかった。茂みに隠れて寝ていたころのことを思えば、ずっと快適だ。コンゴでの生活と比べれば、なにもかもが恵まれたものに思えた。父はいつも、もうちょっとの辛抱だよといっていた。もっと広いところで暮らせるように、母さんとふたりでお金を貯めているんだよ、と。

その家に住むようになってから、わたしは生まれてはじめて学校に通った。十一歳のときだ。三年生から始めたけど、どのクラスメートより年上で体も大きかったから、みんなに笑われた。

英語はまったく話せなかったし、ザンビアの人々が話すニャンジャ語もわからなかった。わたしが話せるのは、コンゴのキニヤルワンダ語だけ。それでも、ひどいことをいわれたというのはわかる。クラスメートはみんな、わたしが難民だと知っていた。道で出会う人々と同じように、みんなが口々にいった。「コンゴに帰れ！　ここはおまえの国じゃない！」

意地悪な先生もいたけど、力になってくれる先生も何人かいた。「時間はかかっても、きっとそのうち身につくよ」といってくれた。

三年生を二回やった。友だちはなかなかできなかった。母は、わたしが学校で苦労しているのをわかってくれた。母もまた、地域の人たちと交流するのに苦労していたからだ。母は毎朝外にテーブルを出して、菜園でとれた野菜を売り、家計の足しにしていた。ひどいことをいう人や、お金を払わない人もいたそうだ。そこにあるのは憎しみだけ。コンゴにいたころを思い出す、と母はいっていた。ほかに行き場所なんてないのに、と。

だから、わたしが「今日は学校に行きたくない。みんなにからかわれるのはもういや」というと、母はいつもこういった。「これはあなたの人生なのよ。他人の人生じゃない。クラスメートのことなんか無視して、自分のやるべきことに集中しなさい」

母のなによりの願いは、家族がよりよい生活をすることだった。よく声に出して祈っていた。「神様、わたしの命を捧げますから、子どもたちが安全に暮らせるようにしてください」避難民キャンプに住んでいたとき、母はＵＮＨＣＲの人から、難民ビザの申請について教えてもらったそうだ。それで、ルサカに移ったあと、UNHCRのオフィスをみつけて、申請の手続きをはじめていた。何年もかかることがあるときいて、気長に待つつもりだったらしい。

どれくらい待つことになるかわからなかったけど、このままだと危険だということはわかっていた。家族は何度も襲撃を受けていたし、母は、店じまいのときに覆面の男たちにお金を取られたこともある。父も脅迫を受けた。「ここを出ていかないと殺すぞ！」といわれたそうだ。うちの家族がそこそこの暮らしを送っていることで、よけいに憎まれたんだと思う。覆面の男がだれなのかはわからなかった。ザンビアの人かもしれないし、コンゴの人かもしれない。

ある夜、家の外が騒がしくなった。一〇人以上の男たちが、鉈《なた》やナイフを持って、家を取りかこんでいる。だれかがドアを叩《たた》いた。アフリカには家に強引に押し入ってものを盗んでいく犯罪があるけど、そういうのとはちがう。

両親は、こうした自警団のようなグループが難民を襲うという話をきいたことがあるといった。まさにそれがうちにも起こっているのだ。

十二歳だったわたしは、怖くて動けなくなった。きょうだいと身を寄せ合っていると、母が叫んだ。「子どもたちには手を出さないで。殺すならわたしを殺して！」グループは最初に母を攻撃し、母を家から道路に引きずりだした。父は母を取りもどそうとして、わたしたちも「やめて！」と叫んだけど、やつらは次に父を襲った。

その日、母はわたしたちの目の前で殺された。裸の遺体が残されていた光景はいちばんつらい記憶だし、いまも理解できない記憶だ。わたしたちは、父も死んだんだろうと思った。頭を何度も刺されるのをみたから。

家を出ていた兄のところに行って住むことになった。どうしていいかわからなかった。父も母も死んでしまったと思っていた。でも、何日かすると、医者から連絡があった。父親が生きているという。

奇跡だ。

警察が事情をききにやってきた。母を殺した犯人を探しているといってたけど、結局、だれもつかまらなかった。捜査の状況について問い合わせることはできなかった。わたしたちは難民で、ザンビアの住民として登録されていないから、なんの権利もないのだ。母をなくし、家をなくし、学校にも行けなくなった。父の世話をしなければならなかった。

父が元気になるまでに何ヵ月もかかった。わたしも、ショックを乗りこえるのに同じくらいかかったし、いろいろ大変で学校どころではなかった。いま思うと、皮肉なものだ。父の命が助かった代わりに、別の苦しみを背負わされたわけだ。わたしは母のお祈りの言葉を何度も思い返していた。「神様、わたしの命を捧げますから、子どもたちが安全に暮らせるようにしてください」母は殺されたけど、母の愛はわたしの胸に生きている。そのおかげでわたしはくじけずにいられる。

母が死んでから一年くらい、わたしはめったに家から出ない生活を送っていた。悲しみのせいでなにもできなかった。ようやく気力を取り戻して学校に戻ると、新しい先生が、わたしを六年生のクラスに入れてくれた。わたしはすごくまじめに勉強をするようになった。母の言葉のおかげだ。母はいつもいっていた。「マリー・クレール、ちゃんとした教育を受ければ、将来はなんにだってなれるのよ」父も母も、学校に行くチャンスはなかった。だから、わたしがいつか学校を卒業することが母の夢だった。わたしは真剣に勉強した。自分自身のためだけでなく、母のために。

年月がたつにつれて、状況はよくなっていった。わたしは優等生になり、コンゴ人だからといっていじめられることもなくなった。英語も不自由なくしゃべれるようになった。ザンビアの居心地もよくなった。わたしたちは父に再婚を勧めた。わたしやきょうだいは勉強で忙しいから、孤独な父が気の毒になったのだ。牧師が紹介してくれたコンゴ出身の女性と、父は二〇一二年に結婚した。

そしてある日、ＵＮＨＣＲから父に連絡があった。難民ビザが認められたとのこと。どこに住むことになるかは知らされなかったけど、まもなくザンビアを出ることだけは決まった。

とてもせつない気持ちになった。何年も前に申請書を出したのは母なのだ。母がまだ生きているとき、もうすぐ状況の聞き取り調査に行きますよ、という連絡が来たのに、なにも起こらないうちに母が亡くなった。わたしが十六歳のときに連絡があって、申請していた家族全員に聞き取り調査が行われた。わたしは五回も調査を受けた。だから、とうとう承認されたという連絡を受けたときは、ほとんど信じられないような気分だった。

ザンビアを出る一週間前、新しい家はペンシルベニア州のランカスターにあると教えられた。調べてみると、ランカスターはアメリカの〝難民の首都〟と呼ばれる街だとわかった。すごくたくさんの難民がそこに住んでいる。わたしはわくわくしてきた。とうとう市民権が得られる。住む家と新しい人生が待っている。新しい始まり。夢じゃないんだ、と思うことができた。

わたしの守護天使はジェニファーだ。わたしたちをペンシルベニアの空港で出迎えてくれた。あのときのジェニファーの姿を、わたしはずっと忘れないだろう。ブロンドの前髪をおろし、満面の笑みを浮かべて立っていた、小柄な白人女性。手には〈ランカスターへようこそ！〉というプラカードを持っていた。あの瞬間から、ジェニファーと彼女の夫、そしてその子どもたちは、わたしたちにとってアメリカの家族になった。

わたしは十九歳になる直前で、こっちの高校に通うのがとても楽しみだった。あと一年で卒業できる。ところが、ランカスターの高校には年齢の上限があって、それが十八歳だとわかった。高校卒業検定を受けて終わりにはしたくなかったので、学校に行き、入学担当のカウンセラーに相談した。カウンセラーは、いままで多くの難民をみてきたそうだ。それまでまともに学校に行けていなかったせいで、この学校に入ったとしても、授業についていったり環境に慣れたりするのに苦労することになるケースが多いという。

わたしはだいじょうぶです、と食い下がった。優等生だったし、英語もきちんとしゃべれます。チャンスをください、と。

母がずっと耳元でささやいているような気がした。夢を叶えるためならどんなことでもできるはずよ。

学校を卒業することは、わたしの夢だ。

カウンセラーが「いいでしょう、チャンスをあげます」といってくれたとき、わたしは涙を止められなかった。

十二年生のクラスに入った。期限は六月。五ヵ月ですべての単位を取らなければならない。それができないと、卒業検定を受けることになる。

卒業式は二〇一六年六月。その日わたしは目を覚まし、赤い帽子とガウンをみた。家族の話し声が、新しい家の一階からきこえた。わたしはベッドから飛びおきた。

卒業生は全部で六〇〇人。わたしはいい意味で目立っていたと思う。家族にかつぎあげられてみんなのなかを進んだときの写真がある。父は満面の笑みで、目が糸みたいになっている。わたしが〝アメリカのお母さん〟と呼びはじめたジェニファーも、誇らしそうに笑っている。胴上げされて宙に浮いたとき、わたしはお母さんに抱きあげられたような気がした。天国からわたしを見守るお母さんの笑顔がみえた。

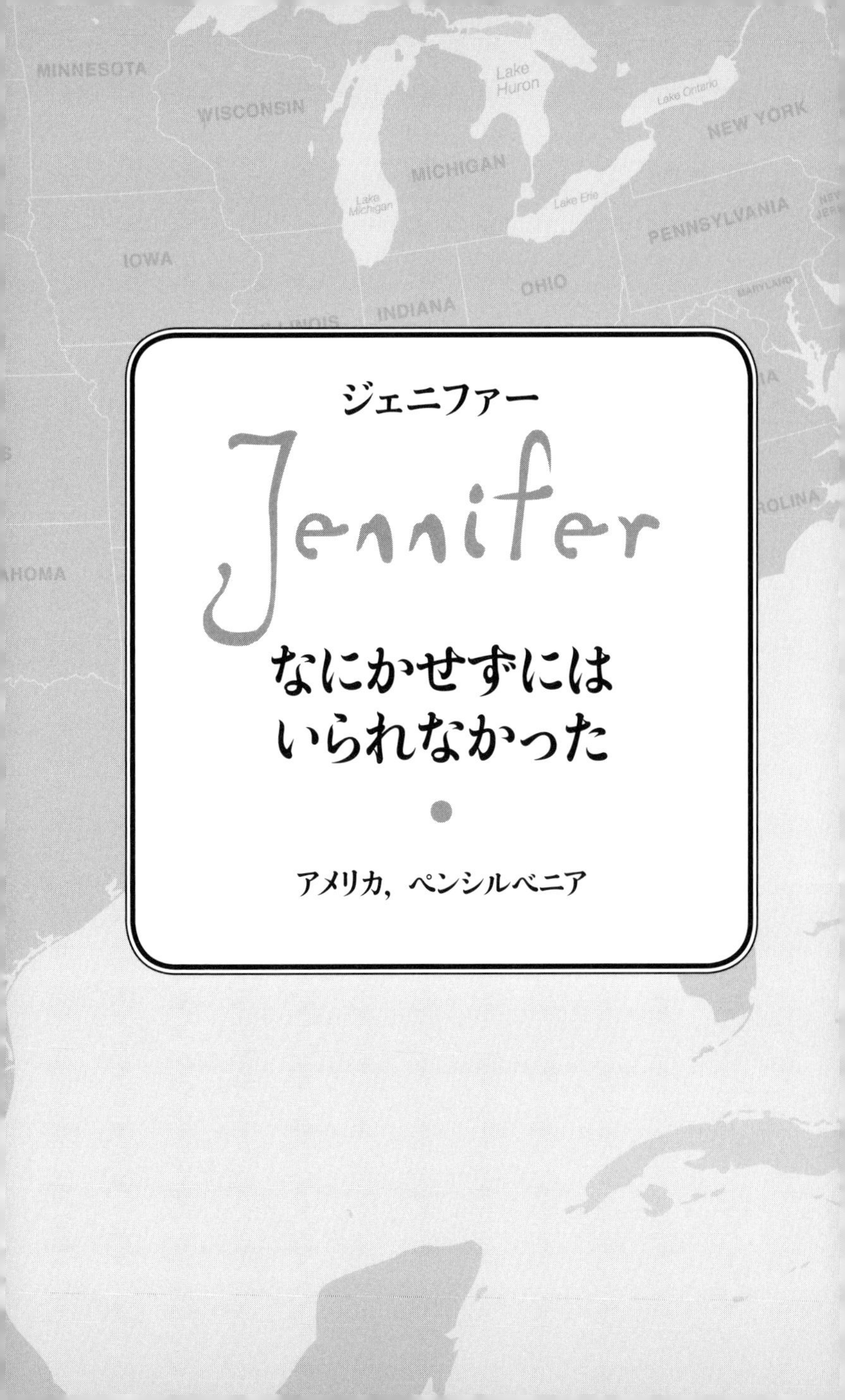

ジェニファー

Jennifer

なにかせずにはいられなかった

●

アメリカ，ペンシルベニア

マリー・クレールの卒業式をみて、わたしは誇らしさで胸がはちきれそうだった。マリー・クレールは、家族のなかではじめて高校を卒業した。家族にとっても、半年前にランカスターにやってきたときに次ぐ大きな出来事だったといえる。

このことは、人はここまでできるというお手本でもあった。マリー・クレールが卒業証書を受け取ったとき、しんとした会場のなかで、彼女の家族が歓声をあげた。式が終わると、家族は彼女を胴上げした。ほかの家族があきれたようにこっちをみていたけれど、わたしはちっとも気にならなかった。

あなたたちには到底理解できないようなことを、この家族はなしとげたのよ！　わたしはそういいたかった。

二〇一五年、わたしは娘の家を訪れて、孫の一歳の誕生日をお祝いした。おばあちゃんになった喜びを味わっていたわたしは、ある写真に目をとめた。トルコの警察官が、ぐったりした男の子の体をエーゲ海から引きあげている写真だった。男の子はシリア人で、三歳。

その写真はわたしの胸に突き刺さった。

記事によると、家族のなかで生き残ったのは、男の子の父親であるアブドゥル・クルディただひとりだったという。クルディは妻とふたりの子どもをつれてシリアを脱出し、トルコに入った。そこで業者にお金を払い、エーゲ海を渡ってギリシャに行こうとした。しかし、乗った船がトルコ沖で転覆したのだ。

何千人もの人々がシリアから逃れようとしていると知ったとき、これほど人道にもとる状況がこれまでにあっただろうか、と思った。なにかせずにはいられなかった。

その日のうちに、「難民」と「ボランティア」というキーワードでインターネットを検索した。〈チャーチ・ワールド・サービス〉（ＣＷＳ）という団体がみつかった。キリスト教の信仰をベースにした組織で、難民の定住プログラムを提供している。その場所が、まさにわたしの住むペンシルベニア州ランカスターだった。自分の街で行われていることなのに、それまできいたこともなかった。

娘の手伝いをしたあとに家に帰り、家族で話し合いをした。わたしはフルタイムで働いていたし、夫は出張が多い。家には十代の息子がふたりいた。わたしがボランティアをはじめるなら、家族の協力が必要だ。子どもたちには、最新のアイフォンを買ってやれなくなる。難民の生活を支援するにはお金が必要だ。家族はみんな、これは大切なことだと理解し、納得してくれた。自分も協力したいといってくれた。

ボランティアをはじめたばかりのとき、最初にマッチングされたのがマリー・クレールとその家族だった。わたしが知らされていたのは、一家はザンビアから来るけれど、もとはコンゴ民主共和国出身だということだけ。コンゴ内戦のとき、危険から逃げまわる生活を何年も続けていたことは知らなかった。一家はやっとのことで隣国のザンビアに逃れ、そこで数年暮らした。そのほとんどは難民キャンプでの暮らしだったそうだ。それからようやくアメリカへの亡命が認められた。

前もって一家と話すことはできなかった。一家の状況をできるだけ理解したいと思ったので、わたしなりに調べてみた。そしてコンゴ内戦のことを知った。一九九〇年代にルワンダで起こったツチ人とフツ人の戦いがコンゴに広がったもので、およそ五〇〇万人の命が奪われたという。ニュージーランドの総人口を超える数だ。四〇〇万人以上が国内避難民となり、四四万五〇〇〇人が海外に逃げて難民となった。数字や歴史を学ぶのと、それを理解するのとは別物だ。でも、なにも知らないよりはずっといい。

わたしに任されたのは、一家を空港で出迎えて車に乗せ、新しい家に送り届けること。そして定住の手助けをすることだった。平日だったので仕事を一日休んだ。夫はテキサスにいて、息子たちは学校にいた。だから、動けるのはわたしと数人のボランティアだけだった。

空港で一家をはじめてみたとき、とても驚いた。ほとんど全員がすごく痩せていたからだ。一家は全部で一四人。六十一歳の父親と妻のウエラ（マリー・クレールの継母）、そしてそれぞれの連れ子とその家族という構成だ。マリー・クレール、二十一歳になる姉のナイディナ、兄のアモルとその妻。アモルと妻には子どもが三人いた。年齢は九歳、五歳、二歳。子どもたちがとくに痩せていて、元気がなさそうなのが気になった。でも、全員が精一杯おしゃれをしているのがわかった。男性はスラックスとワイシャツ。女性はカラフルなアフリカのドレスを着て、編みこんでビーズをたくさんつけた髪を同じ柄のスカーフでまとめていた。わたしがそれを褒めると、ナイディナがいった。「新しい国に来るので、気をつかったんです。最初の印象が大切ですから」

マリー・クレールはとても控えめで、シャイな女の子だった。挨拶をするときも、わたしの顔をほとんどみていなかった。

新しい住まいは、ランカスターの低所得者居住地区にCWSがみつけた家だった。そこに向かう車のなかで、一家は黙ったまま、状況を理解しようとしていた。ペンキのはげた家やポーチの凹《へこ》んだ家、道に散らかったごみなどをみて、わたしの心は沈んでいた。この家族はどう思っているんだろう。すると、ナイディナがいった。「きれいな街ね！」希望と喜びのこもった声をきいて、わたしはほっとした。

四階建てのテラスハウスの前に車を停《と》めて、深呼吸をひとつした。家のなかを歩きながら、修理の必要な箇所をチェックしていった。キッチンの天井に穴があいていて、上階のバスルームから水が漏れてきている。壁が傷だらけで、すぐにでも塗装が必要。窓に網戸がまったくない。小さな裏庭が雑草だらけになっている。一四人が住むのにトイレがひとつしかない。屋根裏部屋の窓が開かない。火事のとき、ここから逃げられなかったら大変だ。

　でも、マリー・クレールもその家族も、そういうことはまったく気にならないようだった。家がとても気に入ったらしく、大喜びしていた。ザンビアの住まいには水道もトイレもなかったし、電気の照明の代わりにキャンドルを使っていたという。それに、この家の大きさにも驚いているようだった。そうか、とわたしは思った。自分の生活がいかに恵まれているかに気づかされた。わたしは欠陥ばかりをみていたけれど、彼らには希望がみえていたのだ。

　女性たちにキッチンのコンロや冷蔵庫の使いかたを教えた。どちらもはじめてみるものだといっていた。トイレやシャワーの使いかたは、全員に教えた。子どもたちは階段を駆けのぼったり駆けおりたりして、どの部屋を使うかをいいあらそいはじめた。わたしは、一家がはじめて飛行機に乗ってきたことや、あまりにもなじみのない機内食が苦手で、二日間なにも食べていないことを思い出した。

　このまま彼らを残して帰ってしまって、だいじょうぶだろうか。みんな、なにをどうしていいかわからないようすだった。でも、なにをしてあげればいいのかわからない。そこで、週末にうちに招待することにした。

週末、我が家のなかをひととおり案内していると、ナイディナを含む何人かが、「水がたくさんあるのね！」と何度も繰りかえしていた。はじめはどういうことかわからなかったが、やがて気がついた。水道の蛇口のことをいっているのだ。蛇口をひねれば水が出てくるというのは、まだ、彼らにとって驚くべきことらしい。彼らの家にはバスルームがひとつしかないけれど、うちにはいくつもある。彼らにしてみればすごいことなのだろう。ザンビアでは水汲《みずく》み場まで三日も歩かなければならなかったそうだ。

次に彼らを招待したとき、わたしはポップコーンを作った。みんなが電子レンジの前に集まってきて、目を丸くしてみつめていた。魔法かなにかだと思ったらしい。もう一回やってと頼まれたので、やってあげた。彼らは椅子やスツールを電子レンジの前に持ってきて、なかをのぞきこんでいた。

彼らにとって、すべてが未経験で楽しいことばかり。彼らの目を通して自分の暮らしをみつめるのは、わたしにとっても大きな喜びだった。

マリー・クレールが重い口を開くと、その決意の強さが伝わってきた。もう十九歳で年齢制限は超えてしまっているけれど、アメリカの高校に通いたい、とのことだった。街の高校の担当者は、彼女が勉強についてこられるかを気にしていた。ザンビアでしてきた勉強がじゅうぶんなものかどうかわからなかったからだ。それに、英語もそんなにうまくなかった。

マリー・クレールは入学担当者にいった。「わたしを信じてください。チャンスをください」

わたしが感じたのと同じものを感じたのだろう。担当者はうなずいた。

一月からの転入。だいじょうぶだろうか、とわたしは思った。息子も地元の公立学校に行っていて、一年生のときは友だち作りに苦労したといっていたからだ。でもマリー・クレールは、友だち作りやクラブ活動のことなど眼中になかった。狙いは勉強。少しの時間も惜しんで勉強したり、英語の指導員のところに通ったりしていた。これだけの熱意があればなんでもなしとげられるだろう、とわたしは思った。彼女はまさに有言実行の人だった。


一家は明るく前向きに暮らしていたけれど、ひどく落ちこんでいることもあった。

マリー・クレールとナイディナにネックレスを買ってあげたことがある。なにか特別な、大切にできるものをプレゼントしたかった。いつも身につけていられるものがいいと思った。なにがあってもわたしがそばで見守っているわよ、と伝えたかった。ふたりはとても喜んで、わたしの家のソファで涙を流しはじめた。はじめのうち、わたしはそれを嬉《うれ》し涙《なみだ》だと思ったけれど、そうではなかった。わたしからのプレゼントが、ふたりの心のなかにある悲しみを呼びさましてしまったのだ。なにが悲しいのか、きいてみた。

マリー・クレールが先に口を開いた。

「これがあまりにも素敵だから。すべてが素敵だから。アメリカで暮らして、ジェニファーがいて、すごくしあわせだから。だから、どうしてお母さんがここにいないんだろうって考えてしまうの」

母親のフラハのことは、ふたりともめったに話さなかったけれど、そのころには、どのような状況で亡くなったかということはわかっていた。ふたりがその瞬間を目撃してしまったということも。

「お母さんは、自分の命を犠牲にしたの。だからわたしたちのいまの暮らしがあるの」ナイディナは泣きじゃくっていて、これだけいうのがやっとだった。

胸に鋭い痛みが走った。わたしも、ふたりのお母さんがここにいてくれたらと、心から思った。勇敢で、強くて、優しくて、粘り強くて、美しい娘たちの姿を、いまここでみせてあげたい。でも、お母さんの情熱はふたりに、とくにマリー・クレールに受け継がれている。こうと決めたら最後までやりぬく子だ。意志の強さや気概は、母親譲りにちがいない。驚くほどの謙虚さも。

ふたりの娘たちは、その深い悲しみをいつも胸に抱いている。どんなにすばらしいことをなしとげたときも、どんなにうれしいときも、喜びは深いトラウマに裏打ちされている。これはどの難民にもあてはまることなのではないだろうか。新しい生活に感謝する気持ちは、大切なものを失った悲しみと表裏一体なのだ。

マララの招待で二〇一七年九月の国連総会ユースセッションに参加したとき、マリー・クレールは、その悲しみについて話した。わたしもニューヨークに行って、総会を聴講した。世界中の名だたるリーダーや外交官を前にマリー・クレールが自分の経験を話すのをみて、とても誇らしい気持ちになったものだ。総会にはフランスのエマニュエル・マクロン大統領も出席していた。

マリー・クレールは落ち着いて、堂々としたようすで演台に立ち、話しはじめた。

「ある日の夜、武装グループがうちに押し入ってきました。わたしたちを殺すためです。わたしたちの目の前で、母が殺されました。母はわたしやわたしのきょうだいを守るために、みずから犠牲になったのです」会場はしんと静まりかえった。このときほど、マリー・クレールのお母さんが生きていてくれたらと強く思ったことはない。娘が聴衆の関心を一身に集めて話しているところをみてほしかった。でも、皮肉としかいいようがない。マリー・クレールがこうして国連総会でスピーチしているのは、母親の愛と犠牲があったからこそなのだ。

ほんとうなら、マリー・クレールを大学に送る役目も、フラハが果たしていたはずだ。娘が看護学を専攻し、勉強に励むのをうれしく見守っていたことだろう。ナイディナの結婚式にも参加するはずだった。ナイディナの結婚相手はザンビアで知り合った難民で、ユタ州に住んでいた。ふたりの結婚披露パーティーにはわたしたちもみんな参加した。パーティーのあとの行進も、とても素敵だった。

マリー・クレールも、そのきょうだいも、わたしをだれかに紹介するときは必ず、アメリカのお母さんといってくれる。こんなにすばらしい子どもたちを持てたことは、わたしの名誉であり、誇りでもある。「アメリカのお母さん」そういわれるたび、胸がいっぱいになる。

アメリカに来たばかりのころ、マリー・クレールははにかみ屋で引っ込み思案な子だった。でもいまは、彼女の心の奥にはいつも小さな情熱の炎があって、大きく燃えさかるときを待っている。その成長ぶりはみごとなものだった。もともと集中力も意志の強さもあったけれど、周囲からの支援や励ましを受けて、強い自信を身につけたのだ。チャンスをつかんで、それを最大限に活《い》かすこともできる。たった三年前には未来などみえていなかっただろうに、恐れを知らず前進することを知ったいまは、世界の人々の心を動かす存在になったのだ。マリー・クレールの夢は、看護師、そして活動家としてザンビアに戻り、難民たちを助けること。

彼女ならできるだろう。

アジダ

Ajida

歩きつづけた夜

●

ミャンマー→バングラデシュ

二〇一七年の八月から、仏教徒の多いミャンマーに住んでいたイスラム教少数民族ロヒンギャの人々が、隣国のバングラデシュに逃れはじめました。その数は数千人にのぼります。ロヒンギャは昔から差別を受けてきましたが、近年になって、新たな迫害の波が起こっていたためです。彼らを迫害するのはミャンマーの兵士や、仏教徒を名乗る過激派グループです。ロヒンギャの村に火をつけたり、人々を殺したり、女性をレイプしたりします。ロヒンギャはもともと、バングラデシュとの国境にあるラカイン州西部に暮らす民族でした。国連によると、近年のロヒンギャ難民の流出は、一九九四年のルワンダ大量虐殺以来のペースで起こっているといいます。

二〇一七年九月、わたしは、ミャンマーのムスリムであるロヒンギャが不当に迫害されていることを非難するスピーチをしました。その後まもなく、ゴールキーパー会議でジェローム・ジャールに会いました。ゴールキーパー会議は、ビル・ゲイツとメリンダ・ゲイツ主宰のイベントで、世界の貧困と疾病《しっぺい》の撲滅をめざすものです。ジェロームはフランスの活動家であり人道主義者で、アーティストや活動家の友人たちとともにラブ・アーミーを結成しました。若い人々が世界の緊急事態に直接関われるようにするのが、この活動の目的です。SNSを通して資金を集め、二〇一七年に起きたソマリアの干ばつで苦しむ人々を支援しました。ラブ・アーミーはさらにメキシコ地震の被災者を支援し、その後はミャンマーの問題に取り組んでいます。

ジェロームやラブ・アーミーがロヒンギャの人々を支援しているのを知って、わたしは胸を打たれました。苦しむ人々に手を差しのべる人は、世界中にたくさんいます。たとえば、マリー・クレールとその家族を支援することに使命を感じた、ジェニファーのような人。そして、翻訳や資金集めなどによって支援に関わる人。五ドルを寄付する人。支援活動に五時間を使う人。そうした人たち、すべてです。どんな小さなことも、彼らの力になるのです。だれかがみていてくれる、だれかが認めてくれる、そう思うだけで、気力はわいてくるものです。ジェロームの活動はとても大規模で、世界中の人々の力をひとつにして、苦しんでいるコミュニティを支援することができます。

ロヒンギャの人々への迫害がはじまったのは一九六〇年代。バングラデシュに最初の難民キャンプができたのは、一九九〇年でした。そこで暮らす難民の数はどんどん増えていき、いまでは九〇万人のロヒンギャ難民が、ミャンマーとバングラデシュの国境地帯の山間部で、モンスーンや洪水に襲われることの多い厳しい暮らしを強いられています。ロヒンギャの人々がいったん難民キャンプに入ると、もうそこから出ることはできず、ほかの場所で働くこともできません。バングラデシュは難民キャンプの存在を許しているだけで、バングラデシュ人社会との融和を認めるつもりはないのです。ラブ・アーミーのプロジェクト・マネジャーとして働くロヒンギャのひとりであるムハンマドは、この状況を〝檻《おり》のない牢獄《ろうごく》〟と表現しました。

ムハンマドは一九九二年、四歳のときにバングラデシュに逃れました。いまは結婚して息子がひとりいますが、国籍はないままです。でも、独学で英語を習得したことでラブ・アーミーとロヒンギャを結びつけることができました。わたしはバングラデシュを訪れたことがありませんが、ロヒンギャの女性の物語をこの本に加えたいと思っていたし、ジェロームやラブ・アーミーがその手助けをしてくれると信じていました。迫害に苦しむロヒンギャ難民を支援するために集めたお金で、ラブ・アーミーは四〇〇〇ヵ所もの避難シェルターを作り、八一もの深い井戸を掘りました。また、この資金のおかげで、三〇〇〇人のロヒンギャ難民が建築、清掃、縫製、翻訳といったさまざまな職能を身につけることができました。ムハンマドも翻訳をしています。アジダの物語、そしてアジダ本人を、わたしに紹介してくれました。

——マララ

難民キャンプに着いたとき、胸のうちにはふたつの感情があった。安堵《あんど》と混乱だ。バングラデシュまで行けたのはラッキーだった。夫と子どもたちも無事。奇跡だと思った。でも、キャンプは思っていたような場所じゃなかった。ただ広々としているだけ。家はなくて、テントが並んでいる。わたしたちはビニールシートと何本かの竹を渡された。自分たちのテントができあがると、わたしは自分にいいきかせた。最悪ってわけじゃない。家族全員が死んでいたかもしれないんだから。

わたしはミャンマー――かつてはビルマと呼ばれていた――のノアパラという小さな村で育った。夫とは恋愛結婚。幼なじみで、お互いの考えていることはなんでもわかる間柄だ。そして恋に落ちた。心から愛し合っていたから、いっしょに暮らすのは自然なことだった。ロヒンギャの人たちの多くはお見合いで結婚する。相手のことをよく知らずに結婚するんだから、うまくいくかどうかはわからない。そういう意味では、わたしたちはラッキーだった。わたしが十五歳のときに結婚して、いまは子どもが三人いる。九歳、七歳、四歳だ。

二年ほど前のある日、真夜中に響いた銃声で目が覚めた。軍隊と警察がわたしたちの村を取りかこみ、すべての家に火をつけようとしていた。軍隊が近隣の村を襲っているという噂はきいていた。女性や女の子をレイプし、男性を殺すという。うちの村も襲われるんじゃないかと思ったわたしたちは、子どもたちを連れて森に逃げていた。わたしたちは助かったけど、夫の兄や、たくさんの村人たちが殺された。

何日ものあいだ、森に隠れていた。軍隊がいなくなったら家に戻るつもりだったけど、いまさら戻ってもしかたがない。たくさんの村人が殺され、すべてが破壊されてしまったのだから。それに、軍隊が地域にとどまっていることもわかった。村に戻れば、わたしたちも殺されてしまう。

逃げるしかなかった。

でも、わたしたちは手ぶらだった。食べ物もないし、着替えもない。子どもたちはおなかをすかせて泣いていた。しかたなく、ジャングルの葉っぱを食べさせた。ほかになにもなかったから。うちの村や近隣の村から逃げてきた三〇〇人ほどの人たちといっしょに行動した。そのほうが安全だ。みんなでバングラデシュをめざした。

バングラデシュは隣国だし、イスラム教の国だ。

ミャンマーにいれば、そのうち殺されるだろう。バングラデシュに行って無事に暮らせるかどうかはわからなかったけど、可能性だけはあると思った。

みんなでジャングルのなかを進んだ。移動は夜だけ。昼間に動いたら、みつかって殺される。だから、昼間は休息をとり、夜に歩いた。

わたしは二歳の息子をおんぶしていた。歩かせるのは無理だ。途中で、夫の具合が悪くなった。歩いている途中に死体をみることはよくあった。仏教過激派に撃たれたり切りつけられたりしたロヒンギャの死体だ。そういうときは息子の目を覆ってみせないようにしたけど、娘たちには手が回らなかった。死はどこにでもある。歩きつづけないと、次は自分が死ぬことになってしまう。

九日後、ようやく国境の川までやってきた。バングラデシュ人の男にお金を渡して、舟に乗せてもらった。小さな舟で、一度に一〇人しか乗れない。モーターもない手こぎの舟だ。ありがたいことに、うちの家族は全員いっしょに乗れた。みんな泳げないので、すごく怖かった。四時間かかって、やっと対岸に着いた。

バングラデシュの岸に降りたったときは、涙が出そうだった。やっとここまで来たんだ！　大量虐殺の危険から逃れてきたんだ！　そこから三時間歩いて、難民キャンプに入った。仲間の難民がたくさんいたので、人の流れにそって歩いていくだけでよかった。どこをめざしているかはわからないけど、みんな同じところにたどりつくはずだ。でもわたしは、安堵とともに不安を感じていた。次にどんなことが待っているか、まるでわからなかったから。

たどりついたのは、大きく開けたところだった。人がたくさんいた。その月だけでも八〇〇〇人の難民が加わっていたので、キャンプは過密気味だった。最初の夜はビニールシートの下で寝た。そのうちテントをあてがってもらえたけど、しばらくすると強い季節風が吹くようになった。わたしたちがテントを張った場所は洪水で水没するかもしれないとのことなので、うちだけでなく、何百もの家族が別のキャンプに移ることになった。

新しいキャンプまでは道がなくて、ただ山を登っていくしかない。いちばん近いルートだと、歩いて三〇分。わたしたちは竹を使って小屋を建てたけど、ここは吹きさらしのひどい場所だった。でも、もう動くわけにはいかない。バングラデシュ政府がロヒンギャ難民を管理しているから、キャンプからは出られないのだ。出ようとすればつかまって、キャンプに戻される。やるだけ無駄だ。

ひどい場所なりに、みんなでがんばった。バングラデシュ政府がコメとレンズマメを支給してくれるから、粘土でかまどを作った。これで家族のために料理ができる。かまど作りは母に教わった。難民キャンプで暮らしていても、なじみのある作業をしていれば気持ちが休まるものだ。それに、夫と力を合わせてかまどを作るのは楽しかった。さらに、そのことを知ったラブ・アーミーが、わたしに仕事をくれた。ほかの難民のためにかまどを作る仕事だ。全部で二〇〇〇個くらい作ったと思う。夫もラブ・アーミーの紹介で清掃の仕事につくことができた。

ここでの生活は大変なことばかり。子どもたちは学習センターに行っているけど、本の一冊もないところは学校とは呼べない。子どもたちはミャンマーの家を恋しがり、いちばん上の娘は、飼っていたネコのことばかり話していた。娘はかなりつらい思いをしているようだ。ミャンマーから逃げてきたときはまだ七歳だったけど、事情はちゃんとわかっていると思う。

ロヒンギャの人々が長年にわたり虐殺の被害を受けてきたことを、世界の人々は知っているんだろうか。その理由は？　手助けしたいと思ってくれている？

バングラデシュ政府は、わたしたちがミャンマーに帰ることを望んでいるけど、わたしたちは帰りたくない。帰っても、待っているのは悲しみだけだ。仲間はみんな、このキャンプにいる。つらい経験も、悲しみも、ここのみんなはわかってくれる。わたしを知っている。だから、ここを離れない。

家族が尊厳を持って扱われるという保証があればミャンマーに帰るけど、そんなときは、いつやってくるんだろう。

ファラ

farah

わたしの物語

●

ウガンダ→カナダ

　はじめてファラに会ったのは、採用面接のときでした。ファラは、マララ基金の新しいCEOに応じてやってきた女性のひとりだったのです。採用が決まったあと、わたしは彼女に冗談をいいました。わたしと同じくらい背が低いところが気に入ったのよ、と。でも、ほんとうの理由はちがいます。ファラは頭がよくて、非営利団体や政府の仕事の経験があり、女子教育の必要性についてわたしと同じくらい真剣に考えていました。それに、内に秘めた強さがあるところも、わたしと同じだと思いました。

　当時、ファラが難民だったことは知りませんでした。彼女はインド系の家族の娘としてウガンダで生まれたカナダ人です。彼女が身の上話をすることはめったにありませんが、それをきいたわたしは、とても重要な話だと思いました。難民の話といえば、まだ危険な状況で暮らしているとか、そこから抜け出そうとしていまも苦労しているとか、そういうケースが多いものです。新しい家で新しい生活をはじめたら、物語はそこで終わり――わたしたちはそう思いがちですが、多くの場合、そこからまた新しい物語が始まるのです。

ファラの話をきいて、わたしははっとしました。新しい生活をはじめた多くの難民は、自分の経験を語ることにためらいを感じているのではないか、と思ったのです。ある人を理解しようと思ったら、その人の背景を知ることが大切です。幼い子どものいる難民家族と出会うとき、わたしはいつも思います。この子たちはどんなふうに育って、自分の生い立ちのことをどんなふうに教えられるんだろう、と。

ファラは、多くの難民の子どもと同じように、自分が背負った荷物の重さをあまりよくわからないままに成長し、そしていま、同じ重い荷物を背負ったほかの人たちが立ち上がるのに手を差しのべようとしています。

――マララ

タンザニアからウガンダのエンテベへ向かう飛行機に乗りこみ、シートベルトを締めた。飛行機は満席だ。小さな飛行機だからよけい窮屈に思える。ありがたいことに、わたしは窓際《まどぎわ》の席に座れた。ほかの乗客は観光客だろうか、それともこのあたりの住民だろうか。わたしはウガンダ生まれだけど、そのどちらでもない。わたしが緊張しているようにみえたのか、隣の席の男性が「だいじょうぶ？」と声をかけてくれた。わたしはうなずいて、ありがとうといった。目を閉じて静かに呼吸をし、鼓動を抑えようとした。たしかに緊張していた。怖い、という気持ちもあった。わたしは三十六歳で、自分が生まれた場所――そして追われた場所――をはじめて再訪しようとしていた。

故郷を追われたのは一九七〇年。これは二〇〇六年の話だ。前日、キリマンジャロにいっしょに登った親友に、別れを告げてきたばかりだった。わたしたちどちらにとっても、登山は人生観を変えるほどの大きな経験だった。親友はカナダに戻っていった。カナダはわたしの国。でもわたしは生まれ故郷のウガンダに帰ろうとしていた。ウガンダのことはなにも覚えていない。

二歳のとき、両親がわたしと姉のアミナを連れてカンパラを脱出した。姉は三歳半だった。わたしはそのときのことをなにも覚えていない。一万キロ以上離れた新しい家に向かって飛行機に乗ったことも。わたしが二十代になるまで、両親はわたしたちになにも語らなかった。だからわたしはいつも、どうしてうちは祖国を出てきたんだろうと思っていた。子どものころは、自分がカナダ生まれではないということしか知らなかった。

両親が、自分たちがウガンダ人だということを恥じていたわけではない。むしろそのことを誇りに思っていたし、いまもそうだ。ウガンダ人だから、料理用のバナナの一種、マトケを食べる。日曜日にはカレーや、ヤギの足を煮込んだパヤを食べる。ムスリムであることも、インド系のアフリカ人であることも含めて、なにひとつ否定はしない。ただ、大学に入るまでずっと謎だったのは、うちの家族がどうしてカナダに住むようになったかという経緯だ。両親はだれかに自分たちのことを話すのに〝難民〟という言葉を使わない。家族のあいだでも、その言葉はめったに出てきたことがない。

なにかひどいことがあったんだ、という認識はあった。だから両親はそのことを語りたがらないのだと。そのことで母親が悲しみを抱えているのもわかっていた。両親が昔を懐かしんでいるのも知っていた。それでも、なにがあったのかは知らなかった。両親は、わたしと姉の前では、悲しい昔話や政治の話をしないようにしていた。

でも、親戚の集まりでおとな同士がおしゃべりしているときに、断片的な情報は耳に入ってきた。

ひとつわかったのは、うちの家族はウガンダを出たくて出てきたわけではない、ということだ。


小さいころから、わたしはまわりとはちがっていた。

知らない人——多くはわたしより年上の子どもたち——から何度〝パキ〟と呼ばれたかわからない。正直いうと、その意味がわからなかった。パキスタン出身の人という意味だよ、とだれかが説明してくれたときも、ばかにしたような口調でいわれるのがどうしてなのか、理解できなかった。この手の侮蔑表現はほかにもあった。たとえば、姉とわたしは〝豚〟と呼ばれたことがある。皮肉なことに、わたしたちはムスリムだから豚肉は食べない。父にきいたら、頭がよくてかわいい子っていう意味だよ、といってくれた。

結局バーリントンに引っ越すことになった。より多民族的な街だからだ。けれど、わたしはそこでも浮いていた。子ども用の自転車に乗った悪ガキが近づいてきて、「国に帰れよ」とどなってきたこともある。あのとき「ここがわたしの国よ」といいかえせなかったのが、いまでも悔やまれる。

こうしたいじめ（当時はそれをいじめとは呼んでいなかったけれど）を受けると、やっぱり悲しかった。でも、そんなのとは比べ物にならないほど悲しい出来事もあった。隣の家の人が別荘に招待してくれたときのことだ。うちの両親は厳格で過保護だから、友だちがうちに遊びにくるのはいいけど、よその家に泊まりにいくのはだめ、といつもいわれていた。でもわたしが大喜びしているので、このときばかりはだめといえなかったんだと思う。

友だちとそのお父さんといっしょに出かけた。とても楽しい気分だったのに、友だちの継母に会った瞬間、その人がわたしのことを疎《うと》ましく思っているのがわかった。「よそ者のくせに」ともいわれた。さらに悲しかったのは、わたしに謝ろうとしたお父さんが、「妻は外国人の子に慣れていないんだ」といったことだ。わたしはカナダ人だ。その一家がカナダ人なのと同じように、まぎれもなくカナダ人なのだ。いたたまれなくなったので、友だちといっしょに一日早く帰ってきた。

いまでも「よそ者」という言葉をきくと、左手をぎゅっと握りしめてしまう。「よくもそんな言葉を」といいかえしたくなる。

両親は六ヵ国語をしゃべる。グジャラート語、クチン語、ヒンディ語、ウルドゥ語、スワヒリ語、そしてわたしの母語である英語だ。でもわたしや姉と話すときには英語しか使わなかった。受け入れてくれた国の言葉を話すのが、その国になじむいちばんの方法だ――両親はそう信じていたんだろうと、いまならわかる。でも、両親のやったことはそれにとどまらなかった。わたしたちはムスリムなのに、クリスマスをお祝いした。クリスマスツリーを飾り、プレゼントを用意し、七面鳥を食べる、本格的なやつだ。ユダヤ教のハヌカーを含め、イスラム教以外のいろんな行事をやった。そうやって、カナダでの生活にできるだけなじもうとしたのだ。

そうして育てられた結果、わたしはカナダで暮らせて幸運だったとか、おとなになったらカナダに恩返しをしたいとか思うようになった。それが我が家の価値体系のひとつだった。両親は、カナダ政府がウガンダからの難民を受け入れてくれて、自分たちはラッキーだといっていた。それだけではない。母は、カナダに来てから疎外感を覚えたことはない、カナダの人たちは親切でフレンドリーで温かい、といいつづけていた。

奨学金を得て通っていたクイーンズ大学の一年生のとき、〈ウガンダに平和を〉というグループに加わった。どうやってそのグループをみつけたのか、あるいはそのグループがわたしをみつけたのか、まったく覚えていない。当時はフェイスブックもなかったわけだから。ただ、グループのリーダーが黒人のウガンダ人で、みんなでウガンダに行って平和を取り戻す活動をしようと決意していたことは覚えている。メンバーは十人あまり。全員がウガンダ出身だけど、肌が褐色の人もいれば、黒い人もいた。そのグループの人たちとウガンダに行って、汚職や悪政、虐殺などが起こる状況を改善する活動をしたい――わたしは両親にそういった。すると、大反対された。

両親はそれまで、わたしがやると決めたことはなんでも応援してくれていた。だから、わたしはとても驚いたし、腹も立った。そのときようやく、両親はウガンダを出た理由を語ってくれた。


一九七二年、ウガンダの大統領だったイディ・アミン（一九七一～一九七九）は、ウガンダからアジア系の人々を追放することを決めた。わたしの両親を含む五万人の人々が国籍を剥奪された。九十日以内に国を出ろ、との布告のあと、すべてが一変したという。銀行の預金が差し押さえられるといけないので、母は預金をおろして宝石を買ってきた。ふたりの兵士が母をつけてきた。

ノックの音がしてドアをあけると、兵士たちが立っていた。兵士は母を床に引きたおし、殴りつけて、宝石を奪った。家を出るとき、兵士は母を脅した。このことをだれかに話せば命はないぞ、と。

母は目をつけられてしまったのだ。

翌日、両親はカナダ移民局に行って、移住を申請した。その数週間後、わたしたち一家はカンパラからエンテベへバスで移動した。荷物はひとりひとつまでと決まっていた。

モントリオールに着いたのは夜。そこからバスで軍の基地に移動した。そこでホットチョコレートとお茶と食べ物が出された。食事のあとは兵舎に案内されて、四人がひと部屋で眠った。翌日、わたしたちはカナダの入国管理事務所に連れていかれ、オンタリオ州のセント・キャサリンズという街で暮らしなさいといわれた。

若いころは、ウガンダを出るときの両親の悲しみや、失ったものの多さについて、よく理解できなかった。いまは、両親がどちらも裕福な家の出身で、イギリスへの留学経験があると知っている。姉が生まれたのもイギリスだ。そのあとカンパラに戻ってきて、そこでわたしが生まれた。一九七〇年のことだ。若い母親が突然脅しを受けて家から追いだされ、知り合いもいない国に移住しなければならなかった。どんなに心細かっただろう。どうやって暮らしていけばいいのか、家族をどうやって支えていけばいいのか、新しい環境で自分は受け入れられるのか、友だちはできるのか、近所付き合いはできるのか——なにひとつわからなかったのだから。

でも、そうするほかに道がなかったのだ。

自立した女性になるように、なにかに怯えて暮らすことのないように——両親はわたしをそんなふうに育てた。同時に、家族を敬うことも教えられた。もう十八歳になっていても、わたしにとって両親の意見は大きな意味を持っていた。それでもなお、わたしは両親の反対を受け入れず、ウガンダ行きをあきらめようとしなかった。しかし、最終的にはグループが解散し、ウガンダ行きの計画も霧散した。わたしはひどくがっかりして、ウガンダにはもう行くものかと思ったのを覚えている。

両親はほっとしたようだ。ウガンダで起きたこと、わたしの両親を含む何万人もの人々が味わった苦しみを知るにつれて、わたしの気持ちは少しずつ変わっていった。うちの家族はどうしてそんなひどい目にあわなきゃならなかったの？　そもそもウガンダという国になにがあったの？　年を重ねるにつれて、怒りが増していった。そして、両親が事実を語りたがらなかった理由もわかってきた。あまりにもつらい事実だからだ。


三十六歳になったわたしに、友だちからの思い切った誘いがあった。キリマンジャロのチャリティ登山をやらないか、というものだ。わたしはこれまで、政務次官、法務大臣、保健大臣、副総理大臣といった仕事を経験してきた。SARSが大流行したときは政府の広報官、9・11のときは反テロ対応を担当した。ちょっと想像してみてほしい。カナダの政府広報官が、世間ではテロリストを産む国と思われているウガンダからの難民だなんて！　わたしは新しいタイプの冒険をしてみたかった。そして、すぐに気がついた。キリマンジャロは、わたしの生まれ故郷のすぐそばだ。神様からの啓示のようにも思えた。少なくとも、絶好のチャンスではないか。

登山は一月と決めたが、友人が健康上の理由で行けなくなってしまった。そこで別の友人に連絡した。「今度の一月、なにか予定はある？」友人が「とくにないわ」といったので、わたしはこういった。「じゃ、決まり。いっしょにキリマンジャロに登るわよ！」

十二月、両親のもとを訪れてこういった。「ウガンダに行くわ」両親は喜んでくれなかったけど、そのときまでに、ウガンダ政府は、難民として出国した人々に呼びかけていた。国に帰り、所有していた土地を取り戻して、国の再建に力を貸してください、と。おじのアミンもウガンダに帰り、一族が持っていた土地のようすをみているところだという。姉も旅行を計画していた。


キリマンジャロに登った仲間たちに別れを告げ、エンテベ行きの小型飛行機に乗ったとき、わたしの心は不安でいっぱいになっていた。わたしはカナダのパスポートを持っていて、どこに行くときも身につけているが、そのほかに、ウガンダの市民権カードも持っていた。二歳で国を出るときに持っていたものだ。どちらの身分証が、わたしにとってよりふさわしいものなんだろう。

飛行機が動き出した。いよいよウガンダへ向かうのだ。わたしの不安はますます高まった。税関は無事に通れるだろうか、荷物はちゃんと出てくるだろうか——外国に旅行するとき、いつも考えることだ。でも、ウガンダはわたしにとっては外国ではないはずだ。

税関職員は軍服姿で、無言だった。わたしもなにもいわなかった。いつもなら、外国に行くときはその国の言葉で「こんにちは」と「ありがとう」をいうようにしている。両親に教えられた知恵だ。「こんにちは」「ありがとう」「お願いします」さえいえればなんとかなる、と。でも、わたしは黙って突っ立っているだけで、目も合わさなかった。わたしらしくない。税関を通過しておじの姿をみたとき、涙がこみあげてきた。ほっとして、こわばっていた全身がほぐれるのがわかった。

姉はもうカンパラに着いていた。わたしたち一家が難民になった経緯を、ドキュメンタリーにまとめるつもりだという。姉にとっても、ウガンダに戻るのはこれがはじめて。姉はウガンダ生まれじゃないけど、ずっと恋しく思っていたそうだ。軍司令官たちにインタビューをしたり、昔我が家があったところに住んでいる人たちに会ってみたりしているらしい。姉は怖いもの知らずだ。わたしはそこに行くのが怖い。

その日の午後、おじに頼んで、わたしが生まれた病院に連れていってもらった。わたしたち一家が住んでいた家や、両親が買い物をしていた市場も訪ねた。おじやおばからきいた昔話から、わたしはかなり立派な、美しい家を想像していた。ところが、現実の光景をみて――認めるのはつらいけれど――わたしはショックを受け、落ち込んだ。貧しい暮らしならいままでにみたことはある。でも、そこにあったのは、いままでにみたことがないほどの貧しさだった。

子どものころから、ウガンダはアフリカの真珠だときいていた。さぞ緑豊かで美しいところなのだろうと思っていた。でもわたしの目に映ったのは、ごみの山に立つ子どもたちと、いまにも崩れおちそうな建物。何百年も前に建てられたまま、なんの手入れもされていない――そんなふうにみえる建物ばかりだった。あたりに漂うのは、ごみとガソリンのにおい。悲しくなった。

二日滞在したが、とくにすることもみるものもなく、車で数時間の距離に住んでいる別のおじを訪ねた。おじのやっているバラ農園はとても美しかったが、わたしにはもう、それを楽しむこともできなかった。破壊と貧困だけが、わたしの目に焼きついていた。

トロントの家に戻ると、もっといやな気分になった。きれいな我が家、繁華街、海岸地区をみたとき、わたしははっとした。大学生のときからずっと、わたしたちを国から追いだしたイディ・アミンのことを憎んでいたけど、トロントのバルコニーできれいな空気を吸っていると、うしろめたさと感謝の気持ちが同時にわいてきたのだ。

そんな気持ちになるなんて、思ってもみなかった。カナダに住むことができたのはありがたいことだと思っていた。ウガンダを出た理由は大学生になるまで知らなかったけれど、両親の教えで、カナダに移住できたのがどんなに幸運なことかを理解していた。その思いを、わたしは〝難民の感謝〟と呼んでいる。でも同時に、そこにだれが住めてだれが住めないかをひとりの人間が決めてしまうことに、怒りを感じていた。

その瞬間、なにかしなければと思った。変化を起こさなければ、この感情は消えていかないだろう。わたしは職場のスタッフに声をかけ、ウガンダに対する自分の複雑な気持ちに関連がありそうな活動を探しはじめた。その結果、ある女性の紹介で、女性のための基金を作ることになった。発展途上国の女の子の支援に重点をおいた活動だ。これを通して、G（irls）20というプログラムを立ちあげ、それを独立法人にした。こうして、わたしの仕事の内容はすべて、女性や女の子の支援に関するものになった。そしてそのことが、マララとの出会いにつながった。

ウガンダに対するわたしの感情は複雑だ。ウガンダの女の子たちを支援する方法を探したいという気持ちが三分の一。ウガンダで育てられたのではないというううしろめたさが三分の一。国民の追放が過去に起こり、いまも世界のあちこちで起こっているという事実への怒りが三分の一。自分が生まれた国のためにできることはないかと、いまも懸命に模索中だ。わたしを捨てたも同様の国なのに、わたしは見捨てることができずにいる。

エピローグ

二〇一二年十月九日にパキスタンのスワート渓谷を離れたとき、わたしの目は閉じていた。その目が開いたのは一週間後、イギリス、バーミンガムの病院の集中治療室だった。パキスタンでの最後の記憶は、スクールバスで友だちのモニバと笑っていたこと。

イギリスで何年も暮らし、新しい暮らしが好きになっても、祖国を恋しく思う気持ちは変わらない。友だち、自分の部屋、学校、ときには鼻をゆがめることもあったミンゴラのにおい。はじめは、二度と帰れないなんて知らなかった。もう帰れないよといわれても、信じられなかった。意識を失っているうちに、愛する我が家と祖国を失うなんて、そんなことがあっていいんだろうか。わたしからそれを奪ったのは、暴力とテロ。安全に暮らすためには、パキスタンから遠い国で生きていかなければならない。

年月がたって、政治情勢に変化が生まれると、もしかしたらそろそろ帰ってもいいんじゃないか、と思えるようになった。その可能性を探ったけど、答えはノー。もう一度探ったけど、やっぱりだめだった。でもわたしは心に決めていた。わたしは頑固な人間だ。方法があるなら、必ずそれをみつけるつもりだった。

二〇一八年三月三十一日、わたしはスワート渓谷の我が家にいた。まるで時間が逆戻りしたかのようだった。わたしと家族は旅支度をして、イギリスからドバイへ、ドバイからイスラマバードへ飛んだ。イスラマバードからはヘリコプターでスワート渓谷に移動した。美しい渓谷を一望するのは五年ぶり、いや、それ以上だった。どこまでも続く山脈、緑、川。そのひとときと感動を決して忘れないように、心に刻みつけた。もちろんアイフォンにも。

瀕死《ひんし》のわたしがスワートから運ばれたとき、いっしょにいた両親はスワートの美しさに気づいていただろうか。「海も山もみえなかったよ。おまえの目が閉じていたから、わたしたちの目も閉じていたんだ」

大きな風を巻きおこして、ヘリコプターが着陸した。ストレッチャーに乗せられたわたしが飛びたったのと同じヘリポートだ。だれもなにもいわなかった。

家に帰ることの意味合いは、家族それぞれにとってちがう。下の弟のアタルは、パキスタンを出たときはまだ幼くて、当時の記憶はもやのなかだろう。アタルはいまやイギリス人の男の子だ。でも、アタルの兄のクシャルとわたし、そして両親は、ヘリコプターを降りてスワートの地に足をつける瞬間、強い感情に心を揺すぶられた。母はうれし泣きをしていた。わたしはすべての感覚を楽しんだ。土の質感、太陽の暖かさ、はじめて触れるようでいてどこかなつかしい空気。
それから、ずっと夢みていたけど永遠に叶わないいんじゃないかと思っていたことをした。家に帰ったのだ。

なつかしいものがみえるたび、わたしの胸は高鳴った。友だちの家。弟たちと遊んだ道。通学路。そしてまもなく、わたしは自分の部屋に母といっしょに立っていた。

二〇一二年のあの日、わたしは学校から家に帰らなかった。母は、娘がまたこの部屋に帰ってくることはあるだろうか、この家で母娘《おやこ》の静かなひとときを過ごすことはあるんだろうか、と思ったそうだ。だから、わたしがこの部屋に立っているのをみただけで、母はほんとうにうれしそうだった。何年もみたことのないような、穏やかな表情になっていた。いま、この家には家族の友人が住んでいて、すべての部屋を、わたしたちが出たときのままに保存してくれている。その後、母がいった。「マララは目を閉じてパキスタンを出たけど、目をあけて戻ってきたわね」

そう、わたしの目はぱっちりあいている。わたしはとても幸運だったし、いまも幸運だ。この旅は最高だった。こんなに美しくて楽しい旅があるだろうか。わたしも家族も、これからいつもこの旅を思い出して生きていくだろう。計画どおりに行かなかったり、すごくがっかりしたこともあったけど、短時間でも家に帰ることができた。その夢を決して叶《かな》えられない人たちもいるのだ。この本に登場した女性たちの物語のほとんどは、まだ終わっていない。家に帰ることなど無理だと思えるかもしれないけど、もしかしたらいつか帰れるかもしれない。それがその人の願いなら、それがかなうことを祈っている。

恋しかったのは家だけではない。ずっと会えなかった友だちや家族五〇〇人以上が、イスラマバードまで会いにきてくれた。抱き合い、祈り、たくさんの写真を撮った。イギリスに戻ってからは、その写真をみて楽しんでいる。いまの最大の願いは、次は五年半も待つことなく、彼らに会えますようにということだ。

わたしが離れたあと、パキスタンは変わった。人口増加のせいで過密状態になった地域もある。スワート地区も、二〇一二年より家や人が増えている。それだけではない。前より平和な場所になっていた。わたしは斜面に立ち、渓谷のむこうの山々をながめた。タリバンが戦闘基地を置いていたところだ。いまは木々と緑の草原がみえるだけ。

パキスタンでやるべきことはたくさんある。わたしはもうここに住んではいないけど、祖国であることに変わりはないし、わたしの思いと行動はパキスタンとつながっている。いつか、パキスタンの子どもすべてが質のよい教育を十二年間、無料で安全に受けられる日が来てほしい。この国の偉大な未来をつくりたい。この数年間で、マララ基金はパキスタンの女子教育に多額の投資を行ってきた。シャングラに最初の中等学校を開き、教育の重要性を訴える全国の活動家を支援した。

この国を離れたくて離れたわけじゃない。でも、戻りたくて戻った。国を出るというのは、人生を変える出来事だ。その選択肢を奪われたせいで、わたしは自分の持つ選択肢をことさら大切にするようになった。自分の意志で声をあげる。自分の意志でだれかを応援する。自分の意志で、世界中の人々の支援を受け止める。

わたしは祖国を追われた。そのときの記憶を無駄にはせず、世界で六八五〇万人の難民や国内避難民を支援していきたい。彼らを見守り、手を差しのべ、彼らの物語を多くの人々に知ってもらうつもりだ。

謝辞

この本を書くことは、ずっと前から考えていたわけではありません。昨今の情勢をみて、書かずにいられなくなったのです。世界中の多くの人々が、わたしとわたしの考えを支持してくれました。自分の声が遠くまで届いていることに、心から感謝しています。

まず第一に、この本に登場する女の子や女性たちが、それぞれの経験をわたしに話し、それを本に書いてもよいと同意してくれたことに感謝します。これまでの活動や著書を通して、ストーリーテリングの持つ力の大きさは知っていました。女性たちの話とわたしの話を組み合わせて一冊の本にできたことは、わたしのなによりの喜びです。

この本は多くの章に分かれています。たくさんの人々の協力によって、それをひとつにまとめることができました。

フィリパ・レイ、ファラ・モハメド、ハナ・オレンシュタイン、マリア・カニータ、ブミカ・レグミ、テイラー・ロイル、テス・トマス、マキンリー・トレトラー、過去から現在にいたるマララ基金チームのみなさん（イーソン・ジョーダン、ミーガン・ストーン、シザ・シャヒドを含む)、ありがとうございました。

この本に登場した多くの女性たちを紹介してくれたマララ基金の協力者、アミラ・アブデルカレク、ホリー・カーター、アン・ドラン、ステファニー・グロメク、スーザン・ホーニグ、ジェローム・ジャール(およびムハンマド・ズベア)、ありがとうございました。

時差も時刻も関係なく協力してくれたリズ・ウェルチ、どうもありがとう。

この本の出版をわたしと同じ情熱で願ってくれたファリン・ジェイコブズ、たくさんの時間と協力をどうもありがとう。

エージェントのキャロライナ・サットン、小柄だけどパワフルなあなたにも、ありがとう。ミーガン・ティンリー、キャサリン・マカーニー、サシャ・イリンワース、ジェン・グレアムはじめ、リトル・ブラウン・アンド・カンパニーの児童書部門のみなさん、オリオン・ブックスのデイヴィッド・シェリー、ジェニー・ロード、ケイティ・エスピナー、セアラ・ベントン、ヘレン・リチャードソン、トム・ノーブル、ケイティー・モス、ホリー・ハーリー、そしてタニヤ・マロット、ブランドン・スタントン、どうもありがとう。

家族の協力にも感謝しています。家族がいなければ、最初に声をあげる勇気も持てなかったのですから。

イギリスで出会った優しい人々——お医者さん、先生、友だちすべて——にも感謝しています。彼らの助けがあればこそ、わたしは新しい生活になじむことができました。

わたしも家族も、とても幸運でした。パキスタンで国内避難民になったときに世話をしてくれる人たちがいたおかげで、孤独にはなりませんでした。近隣地区の人々がドアをあけて手を差しのべてくれたからこそ、家を追われた何十万人もの人々が助かったのです。スワートの国内避難民を助けてくれたみなさん、ジェニファーやファラのように難民を支援しているみなさん、あなたたちこそ最高の人道主義者です。最後に、この本を手にとって、ザイナブ、サブリーン、マズーン、ナジラ、マリア、アナリサ、マリー・クレール、アジダ、ファラの物語を読んでくださったあなたにも、心からの感謝を申し上げます。

あなたの優しさをお待ちしています

この数字が信じられますか。UNHCRのまとめた最新のデータによると、一日に四万四〇〇〇人以上の人々が家を追われ、その総数は六八五〇万人にのぼっています。そのうち四〇〇〇万人は国内避難民、二五四〇万人は国外に逃れた難民です。そのうち半分以上は、南スーダン、アフガニスタン、シリアの三国の人々です。

難民の発生は最近はじまった出来事ではありませんが、近年は、その数が驚くほど増えて、歴史的危機と呼ぶべき事態になっています。第二次世界大戦のときにヨーロッパ全土で五〇〇〇万人が家を失って以来、現在ほど多くの人々が家や祖国を追われた時代はありませんが、そのあいだも、一〇〇万単位の人々が住む場所を失う事態があちこちで起こっています。みなさんが知っている出来事もあるでしょうし、知らない出来事もあるでしょう。

では、この事態に対してなにができるでしょうか。まずは自分で調べてみてください。オンラインにも多くの資料があります。UNHCRのウェブサイト（unhcr.org）には信頼のできるニュースソースがあり、データだけでなく、その説明も読むことができます。国際救済委員会（IRC）、国際連合児童基金（UNICEF）、Tent Partnership for Refugees、Kids in Need of Defense（KIND、アメリカに拠点を置く組織）といった組織が、人道的危機に瀕《ひん》した国の人々を支援しています。

もちろんお金を寄付することでも支援はできますが、時間を使ったり関心を寄せることも支援のひとつの形です。ジェニファーがやったように、あなたの地域に支援組織がないかどうか、調べてみてください。あるいはジェロームがやったように、新しい形のキャンペーンをはじめるのもいいでしょう。ボランティアとして活動すること、手紙を書いて人々に問題を知らせること、特定の地域の難民を支援するグループに加わること、あるいは新しいグループを作ること、祖国を出て新しい生活を始めた人に優しくすること――なんでもいいから、できることをやってください。心を寄せることが大切です。大きな支援も小さな優しさも、世界の傷を癒《いや》すような変化を生み出してくれるはずです。

この本に登場した人たち

ザイナブ

Green Card Voicesの移民・難民若者大使であり、セント・キャサリン大学の成績優秀な三年生で、政治科学、国際関係、哲学を学んでいる。将来は国際人権弁護士になり、法律の学位をとったあとはイエメンに戻る予定。夢は、法律と社会正義の力で世界に平和をもたらすこと。

サブリーン

夫とともにベルギーで暮らしている。赤ん坊の名前はジダン。有名なサッカー選手の名前をもらったとのこと。オランダ語を勉強中で、いずれは学校に戻って教育を受け、自分と子どものためにもしっかりしたママになりたいと考えている。ベルギーを新しい故郷だと思っているので、イエメンと、かつて捨てなければならなかった昔の生活に戻るつもりはない。

マズーン

家族といっしょにイギリスに移住した。ヨルダンの難民キャンプにいるときに教育の機会を求める活動をして、それがきっかけでマララと知り合った。最年少かつ元難民として最初のユニセフ親善大使。すべての子どもに教育の機会を、という活動のために世界中を飛びまわっているが、それ以外のときは、イギリスの大学で国際政治学を勉強している。

ナジラ

家族と、一万八〇〇〇人の難民とともに、イラクのドフク地区にあるシャリヤ定住キャンプで暮らしている。キャンプには学校があるが、ナジラは二十一歳なので通うことができない。近くのモースルまで行けば学校があるが、治安が悪く、危険なので通えない。いつか大学に行くのが夢。できれば海外の大学がいいと考えている。姉とふたりでシャリヤにヘアサロンを作ることを計画中。

マリア

コロンビアのマニュエラ・ベルトランで暮らしている。母親と十八歳の兄がいっしょだ。ネイルサロンで働いていたが、きちんと給料が支払われないので、やめた。大学に行って、コミュニケーションか幼児教育の勉強がしたいと思っている。家族が安全に暮らすにはそれがいちばんいいと思う、とのこと。将来はしっかりした仕事について、自分や母親が二度と飢えや貧困に苦しまないようにしたいと思っている。

アナリサ

異父兄とその家族とともに、マサチューセッツ州に住んでいる。いまは十一年生で、二〇二〇年に高校を卒業したら、大学で看護を学ぶ予定。夢は上級看護師になり、人々を助けること。

マリー・クレール

メリーランド州タコマパークのワシントン・アドベンティスト大学に通い、看護を学んでいる。夢は、国連のSigma看護プログラムで働くこと。世界中の、とくにザンビアの難民の力になりたいからだ。医師や教師として働き、子どもたちが夢を叶《かな》えるための手助けをしたいと思っている。

ジェニファー

ペンシルベニア州ランカスターで、夫とふたりの息子とともに暮らしている。近所に住むマリー・クレールの一七人の一家と家族同然の付き合いをしている。マリー・クレールやその家族とのつながりを作ったCWSのボランティア活動は、いまも積極的に続けている。

アジダ

夫と三人の子どもとともに、バングラデシュのコックスバザール難民キャンプ、グムドゥム地域で暮らしている。同キャンプには七〇万人のロヒンギャ難民がいる。アジダはラブ・アーミーの一員として粘土のかまどを作り、夫は清掃員として働いている。九歳、七歳、四歳の子どもたちは地域の学習センターに通っているが、学校と呼べるものはない。祖国のミャンマーに帰るつもりはない。

ファラ

ウガンダ生まれのインド系カナダ人。現在はロンドンに住み、マララ基金のCEOを務める。マララ基金の使命は、すべての女の子が質の高い十二年の教育を無料で安全に受けられる世の中を作る手助けをすること。これまでついてきた公職で女性や女の子の支援に献身してきたことから、多くの賞を受けている。人生最大の冒険は、キリマンジャロ登頂に成功したこと。

この本の収益の一部は、マララ基金を通して、女子教育支援のために使われます。マララと読者に過去の経験を話してくれた女性たちには、謝礼が支払われています。

マララ・ユスフザイ

マララ基金の共同設立者、取締役。11歳のときに女子教育の活動を始め、パキスタンのスワート渓谷を支配していたタリバンについて、BBCのウルドゥ語ホームページに、名前を偽ってブログを書いた。活動家の父の影響を受け、女子教育の重要性を訴える活動を公の場でおこない、国際的関心を集めるとともに、各種の賞を受賞した。15歳のとき、タリバンの襲撃を受けたが、イギリスで回復し、女子教育を求める活動を続けた。2013年に父親のジアウディンとともにマララ基金を立ち上げ、翌年、「すべての女の子が質の高い12年間の教育を無料で安全に受けられる」ようにするための活動が認められ、ノーベル平和賞を受賞。現在はオックスフォード大学に通い、哲学、政治学、経済学を学んでいる。

マララが見た世界
わたしが出会った難民の少女たち

2020年10月20日　初版発行

著　者／マララ・ユスフザイ
訳　者／西田佳子
発行者／南　晋三
発行所／株式会社 潮出版社
　　　　〒102-8110
　　　　東京都千代田区一番町6　一番町 SQUARE
電　話／03-3230-0781（編集）
　　　　03-3230-0741（営業）
振替口座／00150-5-61090
印刷・製本／株式会社暁印刷
装幀デザイン協力／佐野佳子（Malpu Design）

ISBN978-4-267-02261-6 C0098

---

www.usio.co.jp